Gustav Keller

Motivationsstörungen im Schulalter

Formen – Ursachen – Förderung

LA Verlag Ludwig Auer Donauwörth

Gedruckt auf umweltbewußt gefertigtem, chlorfrei gebleichtem und alterungsbeständigem Papier.

1. Auflage. 1995

Gesamtherstellung: Ludwig Auer GmbH, Donauwörth
ISBN 3-403-0**2541**-1

Inhaltsverzeichnis

Einleitung

„Die Jugend achtet das Alter nicht mehr, zeigt bewußt ein ungepflegtes Aussehen, sinnt auf Umsturz, zeigt keine Lernbereitschaft und ist ablehnend gegen übernommene Werte.“

Altägyptische Aufzeichnung

„Sie scheinen jetzt das Wohlleben zu lieben, haben schlechte Manieren und verachten die Autorität, sind Erwachsenen gegenüber respektlos und verbringen ihre Zeit damit, herumzulungern und miteinander zu plaudern.“

Sokrates

„Ihr vornehmen Fürstensöhne, ihr Verwöhnten und Verzogenen, die ihr auf eure vornehme Herkunft und euren Besitz pocht, ihr habt meinen Befehl und euren Ruhm mißachtet, indem ihr das Studium der Wissenschaften vernachlässigt und der Genußsucht, dem Spiel, der Faulheit und eitlem Tun erlagt.“

Karl der Große

„Es blühte einst das Studium,
heut kehrt es sich ins Bummeln um.
Die Wissenschaft galt einst als Ziel,
doch obenauf ist nun das Spiel.“

Carmina Burana

„Sie haben keine Lust zu lernen, kein Ehrgefühl, keinen Gehorsam. Wahrlich ein Kamel tanzen oder einen Esel das Lautenschlagen lehren, wäre erträglichere Mühe.“

Melanchthon

„Sie sitzen in Schenken hinein, trinken, spielen, tanzen und haben oft dabei weder Maß noch Ziel; sie sind sehr eitel; übertreiben ihren Kleiderstaat; sie können oft wenig oder gar nichts.“

Das Ulmer Pädagogikjournal „Der Landschullehrer“ (um 1800)

„Bei den Schülern, da sind sich Lehrer, Eltern und Psychologen einig, sinkt die Fähigkeit zur Konzentration, steigt die Angriffslust, fehlen die Geduld und die Lernbereitschaft, erlahmt das Interesse am Unterricht."

Der Spiegel Nr. 15/1988

Seit dem Beginn der Schulgeschichte vor 5000 Jahren wird über die Faulheit von Kindern und Jugendlichen geklagt (Keller 1989). Es wird bemängelt, daß sie sich nicht anstrengen wollen, den Müßiggang lieben und darauf warten, bis ihnen die gebratenen Tauben und Pfannenkuchen in den Mund fliegen. Offensichtlich ist es den Heranwachsenden schon immer schwergefallen, das zu entwickeln, was heutzutage als Lernmotivation bezeichnet wird. Dies zu wissen, kann durchaus tröstlich sein. Andererseits ist es aber auch nicht richtig, gelassen abzuwarten, bis aus Faulheit irgendwann einmal Fleiß wird. Diese Spontanheilungen, so meine langjährigen Erfahrungen als Schulpsychologe, sind im Motivationsbereich eher selten. Wenn jemand die Steuerung seiner seelischen Energien partout nicht lernen möchte, wird er es nicht nur in der Schule, sondern auch im Leben sehr schwer haben. Solang er noch Kind oder Jugendlicher ist, wird er im familiären Schlaraffia unserer Wohlstandsgesellschaft sicherlich versorgt werden, auch wenn er den Erwartungen seiner Eltern und der Gesellschaft nicht entspricht. Je näher aber der Zeitpunkt der selbständigen Lebensmeisterung kommt, desto folgenreicher werden die Störungen der jungen Schlaraffianer sowohl für die Beziehungen zu ihren Eltern als auch für die weitere Persönlichkeitsentwicklung.
Ich möchte nun aufzeigen, wie bedeutsam die Lernmotivation für den Schulerfolg ist, wie häufig Motivationsstörungen vorkommen, welche Ursachen diesen zugrunde liegen und welche Bewältigungsmöglichkeiten uns zur Verfügung stehen. Nicht zuletzt möchte ich auch auf den Zusammenhang eingehen zwischen der Motivationsentwicklung unserer Kinder und der Zukunft der Leistungsgesellschaft.

1. Was ist Motivation?

„Motivation ist also der Begriff, mit dem wir das beschreiben, was einem Menschen die Energie zu seinem Tun verleiht und was die Ausrichtung seiner Tätigkeit bestimmt. Motivation wird manchmal auch mit dem Motor und dem Lenkrad eines Automobils verglichen."

Gage & Berliner (1986)

„Unter Motivation verstehen wir alle Bedingungen, welche die Aktivität eines Organismus ankurbeln und die Variation dieser Aktivität nach Richtung, Quantität und Qualität bestimmen."

Oerter (1987)

„Motivation: umfassender Begriff, der sich auf das Ingangsetzen, Steuern und Aufrechterhalten von psychischen Aktivitäten bezieht."

Zimbardo (1992)

„Motivation ist die vereinte Wirksamkeit von Trieben und Anreizen, von Druck und Zug, und in diesem Zusammenspiel liegt ein Großteil der Unterschiedlichkeit, die menschliches Verhalten auszeichnet, begründet."

Bourne & Ekstrand (1992)

Seit es die wissenschaftliche Psychologie gibt, ist die Motivation des Menschen erforscht und in unzähligen Variationen definiert worden. Gemeinsam ist allen Definitionen, daß die Motivation eine Kraft ist, die hinter dem Verhalten eines Menschen wirkt und es in Gang setzt. Diese Kraft kann in unterschiedlichsten Formen in Erscheinung treten.
Was das Lernen anbelangt, so gibt es typische Motivkräfte. Wenn ein Kind aus dem Bedürfnis nach Reizzufuhr sich mit einem Lernstoff beschäftigt, spricht man von Neugiermotivation. Wendet es sich immer wieder demselben Gegenstand zu und erlebt es die Beschäftigung mit ihm als lustvoll, liegt ein Interesse vor, bisweilen auch als intrinsische Motivation bezeichnet. Möchte es tüchtig sein beziehungsweise Leistungen erzie-

len, die an einem Gütemaßstab bemessen werden, handelt es sich um Leistungsmotivation. Strengt es sich hauptsächlich deshalb an, weil es eine Anerkennung oder Belohnung bekommen möchte, ist die extrinsische Motivation (auch Anreizmotivation) wirksam. Möchte es Bestrafung und Tadel vermeiden, lernt es angstmotiviert. Geht es deshalb gern zur Schule, weil es mit anderen zusammen ist, heißt der Beweggrund: soziale Motivation. Man könnte diese Motivliste sicherlich noch fortsetzen.

Versucht man beim einzelnen Schüler zu ergründen, warum er lernt, trifft man selten auf eine Motivkonstellation, in der es nur eine motivierende Kraft gibt. Meistens sind es Motivmischungen, die mehrere Komponenten enthalten (z. B. Tüchtigkeit, Interesse, Gesellungsstreben). Diese stehen miteinander in einem regen Wechselwirkungsverhältnis, so daß es nicht immer leicht ist, herauszubekommen, welche Kraft momentan am stärksten ist.

Die Qualität und Intensität der Lernmotivation ist übrigens stark abhängig von familiären und schulischen Erziehungseinflüssen. Die Lernumwelt entscheidet darüber, was aus den ursprünglich ungerichteten seelischen Kräften eines Menschen letztlich wird.

2. Motivation und Schulerfolg

„Mit dem Fleiß bringt ein mittelmäßiger Kopf es weiter, als ein überlegener ohne denselben.“

Baltasar Gracián

Die Begabung des Schülers setzt sich nicht automatisch in gute Schulleistungen um. Es gibt hochbegabte Schüler, die leistungsmäßig versagen. Und es kommt immer wieder vor, daß durchschnittlich Begabte zu den Besten einer Klasse gehören. Dies liegt daran, daß die Schulleistung von zusätzlichen Faktoren bestimmt wird (s. Abb. 1). Man nennt sie auch Stützfaktoren. Unter diesen Stützfaktoren spielt die Lern- und Arbeitsmotivation des Schülers eine bedeutende Rolle.
Die Bedeutung der Lern- und Arbeitsmotivation konnte in Schulerfolgsstudien immer wieder nachgewiesen werden (s. Keller 1993, S. 9 ff.). Vergleicht man beispielsweise leistungsstarke mit leistungsschwachen Schülern, so fällt auf, daß erstere anstrengungsbereiter und durchhaltefähiger sind. Und versucht man herauszufinden, warum Schüler mit gleicher Intelligenz unterschiedliche Schulleistungen aufweisen, gelangt man immer wieder zur Erkenntnis, daß die Motivation den Unterschied erzeugt.

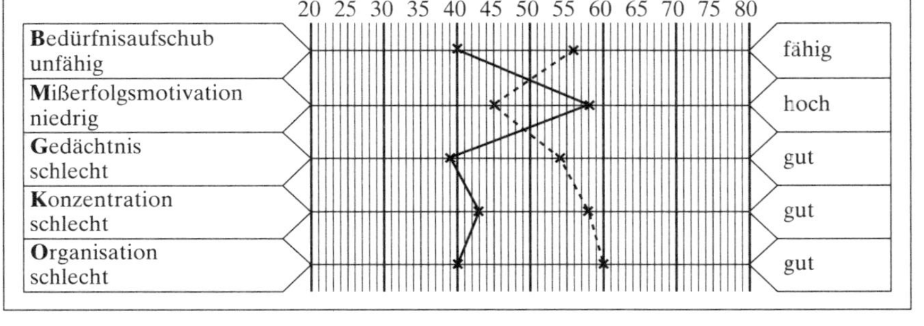

Abb. 1: Vergleich leistungsstarker (---) und leistungsschwacher (—) Schüler mit dem Arbeitsverhaltensinventar AVI

3. Häufigkeit von Motivationsstörungen

„Als ich in den fünfziger Jahren mit dem Unterrichten begann, saßen in jeder Klasse zwei bis drei notorische Faulpelze. Heutzutage ist jeder zweite Schüler schwer motivierbar."

Ein Pädagoge am Ende seines langen Lehrerlebens

In der Klientel der Schulpsychologen sowie der Kinder- und Jugendpsychiater sind Schülerinnen und Schüler mit Motivationsstörungen relativ

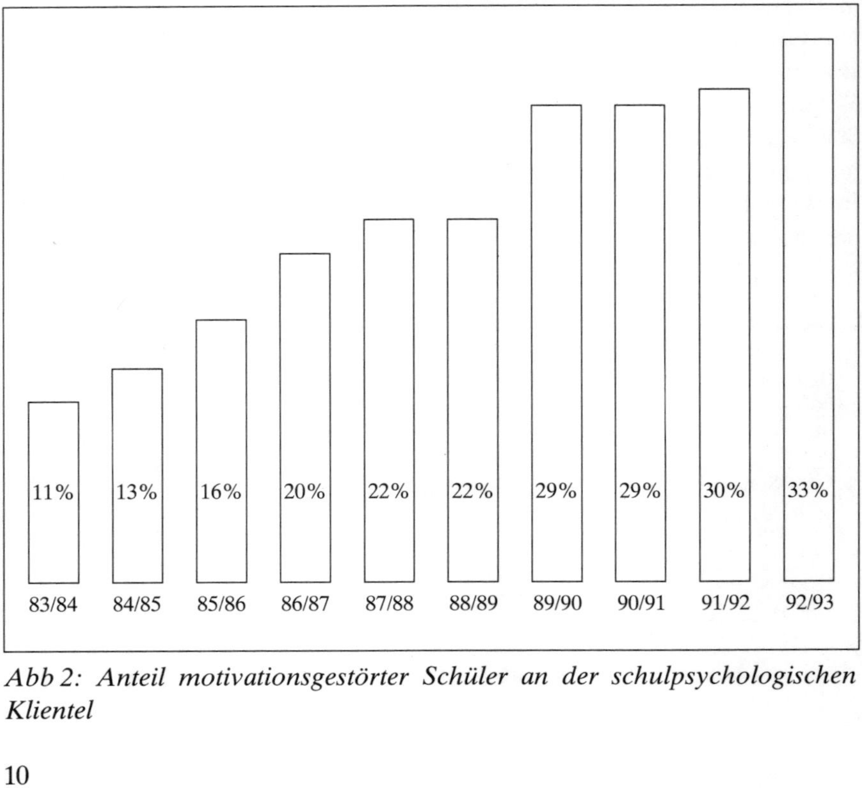

Abb 2: Anteil motivationsgestörter Schüler an der schulpsychologischen Klientel

häufig vertreten. Ihre Anzahl ist im Steigen begriffen (s. Abb. 2). Vorgestellt werden nicht nur die klassischen Pubertätslernstörungen, sondern immer häufiger Grundschulkinder, die ein bisher unbekannt hohes Maß an Leistungsverweigerung aufweisen.

Daß das schulische Lernen und Arbeiten keine lustbesetzte Tätigkeit ist, läßt sich nicht nur aus schulpsychologischen Fallstatistiken ersehen. An großen Stichproben durchgeführte Erhebungen belegen deutlich ein generelles Schwinden der Lernmotivation (Allerbeck & Hoag 1985; Jünger 1988). Werden Schüler danach gefragt, was sie letztlich dann doch zum Lernen veranlaßt, so werden Motivatoren sichtbar, die nur wenig mit dem Ideal der intrinsischen Motivation zu tun haben. Wie die Abbildung 3 zeigt, sind dies vor allem äußerer Druck, schlechtes Gewissen und Angst vor dem Mißerfolg.

All dies soll nun nicht heißen, daß die Schule bei den Schülern keine positiven Gefühle hervorruft. Mitte der achtziger Jahre hatten Sozialforscher einmal die Frage gestellt, welche angenehmen Aspekte die Schule hat (Jugendwerk der Deutschen Shell 1985). Ergebnis war, daß 90% der Befragten eine Annehmlichkeit nennen konnten. Nur sah das Antwortmuster so aus, daß die große Mehrheit der positiven Gefühle sich auf zwischenmenschliche Aspekte, auf die vielen Ferien sowie auf Schulstreiche bezogen. Dieser Befund wurde neulich in einer Umfrage der Universität Essen bestätigt (Bohnsack 1993).

Analysiert man die Häufigkeit von Motivationsstörungen schließlich demographisch, fällt zum einen auf, daß Mädchen lernmotivierter sind als Jungen, und zum anderen, daß die Lernlust im Altersverlauf zurückgeht. Dies läßt sich sowohl an schulpsychologischen Fallstatistiken ablesen als auch an den Ergebnissen großer Repräsentativbefragungen.

Warum lernst Du?	
Äußerer Druck (Drohung, Tadel usw.)	52%
Schlechtes Gewissen	14%
Angst vor Mißerfolg	12%
Interesse, Spaß am Stoff	12%
Ehrgeiz, möchte besser sein als die anderen	4‰
Weiß nicht genau, kann ich nicht sagen	6%

Abb. 3: Ergebnis einer Befragung von N = 408 Schülern der Klassen 5–11

4. Erscheinungsformen von Motivationsstörungen

„Der weinerliche Bube, der mit Bündel und glattem Morgenantlitz, wie die Schnecke ungern zur Schule kriecht.“

William Shakespeare

Wer sich mit Motivationsstörungen befaßt, sollte auf eine differenzierende Beschreibung achten, denn sie treten in unterschiedlichen Formen in Erscheinung. Geht man dabei von praktischen Erfahrungen aus, lassen sich drei typische Erscheinungsformen unterscheiden:

- generelle Motivationsstörung,
- Schulunlust,
- spezielle Lernmotivationsstörung.

Der ersten Kategorie, der generellen Motivationsstörung, lassen sich Kinder und Jugendliche zuordnen, die sowohl in der Schule als auch im Freizeitbereich durch Lustlosigkeit, Interesselosigkeit, Gleichgültigkeit und Stumpfheit auffallen. Diesem Zustand der gravierenden Antriebsschwäche liegen meist, wie in Kapitel 5 näher erläutert wird, ernsthafte physische und psychische Erkrankungen zugrunde.

Fallbeispiel: Torsten

Torsten ist 16 Jahre alt und besucht die 10. Klasse des Gymnasiums. Lehrer und Eltern sind verzweifelt, weil er sich zu nichts motivieren läßt. Er macht kaum Hausaufgaben, arbeitet selten mit und lernt auch für Klassenarbeiten äußerst wenig. Kein Wunder, daß er das Klassenziel nicht erreichen wird. Egal, ob Freizeit oder Schule, alles erlebt er als große Last. Bereits das Aufstehen ist ihm ein großer Graus, der Weg zur Schule ebenfalls. Der Unterricht ödet ihn an. Den Großteil der Freizeit verbringt er meist Musik hörend auf der Schlafcouch. Seine Stimmung ist durchgehend schlecht. Er sieht weder im Lernen noch im Leben Sinn.

Von einer Schulunlust kann gesprochen werden, wenn die Anstrengungsbereitschaft in vielen Fächern und Leistungssituationen unterdurchschnittlich ist. Schüler dieser Erscheinungsform arbeiten im Unterricht wenig mit, vernachlässigen die Hausaufgaben und bereiten sich auf Klassenarbeiten ungenügend oder gar nicht vor. Im Gegensatz dazu führen sie ein aktives Freizeitleben, sind kontaktfreudig und spielmotiviert.

Fallbeispiel: Uwe

Uwe, 13 Jahre alt, ist Schüler der Klasse 7 der Realschule. Die Lehrer bezeichnen ihn als schulunlustig, die Eltern nennen ihn lernfaul. Hausaufgaben erledigt er nur dann, wenn eine Kontrolle zu erwarten ist. Auf Klassenarbeiten lernt er erst am Abend oder Morgen zuvor. In den meisten Fächern arbeitet er nur selten mit. In der Freizeit ist der lernfaule Uwe rührig und umtriebig. Er hilft gerne im Haushalt mit, wird vom Leiter der Jugendgruppe als aktivstes Mitglied bezeichnet und gilt als bienenfleißiger Mittelfeldakteur in der Jugendmannschaft des Fußballclubs.

Eine spezielle Lernmotivationsstörung liegt vor, wenn das Anstrengungsproblem nur in einem eng umgrenzten Bereich des Leistungsspektrums auftritt. Zu dieser Kategorie gehören beispielsweise Schüler, die keine Lust auf Sprachen haben, ansonsten aber normal motiviert sind. Wer im Unterricht nicht mitmacht, aber ansonsten fleißig arbeitet, ist ebenfalls diesem Störungsbild zuzuordnen.

Fallbeispiel: Anika

Anika ist Viertkläßlerin. In Deutsch, Heimat- und Sachkunde sowie in den Nebenfächern ist sie eine fleißige und gute Schülerin. Sie freut sich auf diese Fächer, macht gern die entsprechenden Hausaufgaben und meldet sich im Unterricht oft. Dieses positive Erscheinungsbild wandelt sich schlagartig, wenn die Mathematik auf dem Plan steht. Sie rechnet nur widerwillig und verweigert schier die Leistung, wenn sie Sachaufgaben lösen soll. Neulich schrieb sie auf ihr Federmäppchen: „Schule ist super, Mathe nicht!“

5. Ursachen von Motivationsstörungen

Hinter dem Erscheinungsbild von Motivationsstörungen können sich unterschiedlichste Ursachen verbergen. Leider ist es so, daß sich erschrekkend viele Menschen die Diagnose sehr einfach machen. Sie kommen sehr schnell zu dem Schluß, daß der „faule" Schüler nicht will. Wollte er, könnte er mehr. So einfach sind die allerwenigsten Motivationsstörungen verursacht. Will man motivationsgestörten Schülern gerecht werden und ihnen wirksam helfen, ist eine gründliche Ursachenanalyse vonnöten. Was Motivationsstörungen zugrundeliegen kann, wird nun ausführlich behandelt. Manche der genannten Faktoren können von Eltern und Lehrern selbst diagnostiziert werden, andere wiederum verlangen eine Abklärung durch psychologische oder medizinische Fachleute.

5.1 Ursachenbereich: Familie

„Kennt ihr das sicherste Mittel ein Kind unglücklich zu machen? Ihr müßt es daran gewöhnen, alles zu erhalten."

Jean-Jacques Rousseau

In diesem Ursachenbereich steht die Verwöhnung an erster Stelle. Meine fallstatistischen Auswertungen der Schuljahre 1982/83 bis 1992/93 haben ergeben, daß bei 40% der diagnostizierten Motivationsstörungen dieser Erziehungsfehler dem Problem zugrunde liegt. Er besteht hauptsächlich darin, daß den Kindern seit der Kleinkindheit ein Übermaß an psychischer und materieller Zuwendung zuteil wird. Alles, was sie haben möchten, bekommen sie geschenkt und erfüllt: Süßigkeiten, Spielsachen, Erleichterung, Behütung, Aufmerksamkeit. Und dies, ohne daß besondere Gegenleistungen erwartet und gefordert werden. Die gravierendste Folge dieses Erziehungsfehlers ist, daß die verwöhnten Kinder den Aufschub ihrer Bedürfnisse nicht lernen. Sie bleiben ich-schwach und schaffen es

nicht, ihre Triebe zu steuern. Die tägliche Wunscherfüllung verdichtet sich über kurz oder lang zu einem hedonistischen Charakter. Sie fordern immer mehr, ohne dafür etwas zu tun. Sie pochen auf Rechte, ohne selbst Pflichten zu übernehmen. Stoßen sie auf Hindernisse, bemühen sie sich kaum um deren Überwindung, sondern lassen sie sich aus dem Weg räumen. Sie möchten immer im Mittelpunkt stehen, ohne andere vorzulassen. Von Schuljahr zu Schuljahr sinkt ihre Bereitschaft zum Lernen. Hausaufgaben und Klassenarbeitsvorbereitungen sind ihnen eine üble Last, der sie mit allerlei Aufschubaktivitäten und Vermeidungsstrategien aus dem Weg zu gehen versuchen. Sind sie begabt, bekommen sie in den ersten sechs Schuljahren noch so viel mit, daß sie die Klassenziele erreichen. Deutliche Leistungseinbrüche erleiden sie ab Klasse 7, wenn der Lernstoff nicht mehr allein durch Cleverness angeeignet werden kann, sondern intensive Übungsarbeit immer wichtiger wird.
Zu fragen ist nun, wodurch eine verwöhnende Erziehung verursacht sein kann. Bei vielen Eltern sind irrationale Überzeugungen das Hauptmotiv. So gibt es Eltern, die annehmen, nur dann gute Väter und Mütter zu sein, wenn ihre Kinder möglichst viel bekommen. Andere haben eine entbehrungsreiche Kindheit erlebt und erziehen jetzt nach dem Motto: „Unsere Kinder sollen es einmal besser haben als wir.“ Dann gibt es Eltern, die liebesunfähig sind und materielle Verwöhnung als Mittel benutzen, um sich die Liebe ihrer Kinder zu erkaufen. Des weiteren ist der Erziehungsfehler in Einelternfamilien anzutreffen. Dem liegt häufig die unbewußte Botschaft zugrunde: „Wenn ich schon meinen Mann (meine Frau) nicht gewinnen konnte, so möchte ich mein Kind um so fester an mich binden.“ Nicht zuletzt sind auch Großeltern an der Verwöhnung beteiligt. Manche tun dies aus Angst, vom Enkel oder der Enkelin nicht genügend geliebt oder besucht zu werden. Andere glauben oft fälschlicherweise, die Enkelkinder bekämen von Papa und Mama zuwenig.
Verwandt mit der Verwöhnung ist „overprotection“ (Überbehütung). Damit bezeichnet wird eine überbetrieben beschützende Erziehungshaltung. Sie tritt häufig bei Eltern zutage, die überängstlich sind und aus dieser Angst heraus die Kinder nicht fordern und sie nicht loslassen. Unmittelbare Folge davon ist, daß die Kinder fremdmotiviert und unselbständig bleiben. Sie schaffen es nicht, obwohl sie intellektuell könnten, die Hausaufgaben selbst zu machen und Klassenarbeiten allein vorzubereiten. Daraus entsteht eine chronische Unselbständigkeit, die in der Zeit der Pubertät zum großen Problem werden kann. Dann nämlich lehnen sich viele Söhne und Töchter gegen die Überbetreuung auf, wollen nun

endlich sich selbst verantwortlich sein, schaffen dies aber oft nicht, weil sie das selbständige Lernen nicht gelernt haben.
Ein weiterer Grund für gestörte Lernmotivation kann ein Mangel an kultureller Anregung sein. In anregungsarmen Familien wird bereits in den ersten sechs Lebensjahren versäumt, die kindliche Primärmotivation durch ein vielseitiges, aktives Spielangebot zu fördern. Die Anregung besteht großenteils aus Medienkonsum. Parallel dazu schaffen es die Eltern auch nicht, den Kindern am Beispiel von Spieltätigkeiten Wertmaßstäbe zu vermitteln, was nach Heckhausen (1989) die wichtigste Voraussetzung für die Entstehung der Lern- und Leistungsmotivation ist. Ihnen ist es weitgehend egal, wie gut ein Kind etwas kann – Hauptsache, es ist beschäftigt und läßt die Eltern in Ruhe. Kein Wunder, wenn diese Medienkinder die in der Schule praktizierte Kulturvermittlung als langweilig und öde erleben.
Motivationsstörend wirken sich auch Fehler in der Eltern-Kind-Kommunikation aus. Wenn Eltern die Leistungen ihrer Kinder zu wenig loben, würdigen und anerkennen, erlahmt über kurz oder lang die Lernbereitschaft. Noch schlimmer wirkt es sich aus, wenn Kinder in lernschwierigen Phasen durch Killerbotschaften entmutigt werden (z. B. „Kapierst du dies nicht, du Depp?“). Solche Kommunikation zerstört im Lauf der Zeit das Selbstvertrauen des Schülers und erzeugt ein Gefühl der Minderwertigkeit.
Wenn es mit der Motivation nicht klappt, können daran schließlich auch familiäre Systemstörungen beteiligt sein. Sind sich Eltern zum Beispiel hinsichtlich der Leistungserwartungen uneinig, tendieren Kinder dazu, sich an den Erwartungen des „angenehmeren“ Elternteils zu orientieren. Des weiteren kann es vorkommen, daß eine schulische Lern- und Leistungsstörung für das pathologische Familiensystem eine positive Funktion bekommt. Nicht selten verhindert ein lerngestörter Schüler durch seine Problematik ein Auseinanderstreben der Eltern. Weil es nicht sein darf, daß das Kind durch Ehekonflikte zusätzlich Schaden nimmt, wird auf Trennung und Scheidung vorerst verzichtet. Läßt sich eine Eheproblematik auf diese Art und Weise nicht unterdrücken beziehungsweise wird sie offen ausgetragen, kann sich dies auf Kinder emotional so irritierend auswirken, daß gravierende Motivationshemmungen entstehen. Angesichts der Tatsache, daß sich 35% der geschlossenen Ehen wieder auflösen, ist die Wahrscheinlichkeit systematisch verursachter Motivationsstörungen nicht gering.

Fallbeispiel: Alexander

Alexander wiederholt die Klasse 8 des Gymnasiums. Das Halbjahreszeugnis sieht genauso schlecht aus wie im Vorjahr. Wieder stehen zwei Kernfachfünfen drin, und zwar in Englisch und in Latein. Die Eltern sind sehr verärgert, weil Alexander genauso faul ist wie letztes Jahr. Alexander, der Sonnyboy, zeigt sich relativ unbeeindruckt. Danach gefragt, warum er trotz der erneuten Versetzungsgefährdung so cool ist, antwortet er: „Ich werde das schon noch schaffen." Die Eltern sind über Alexanders Optimismus erstaunt.

Als die Eltern Alexanders Lern- und Lebensgeschichte zu schildern beginnen, zeigt ihr Gesichtsausdruck zunächst deutlich Freude. Er lernte früh laufen und sprechen, war wißbegierig und lernwillig. Die Kindergärtnerin bezeichnete ihn als ein begabtes und sympathisches Kind. Als Alexander in die Schule kam, waren seine ersten Lehrer derselben Meinung. Aufgrund seines brillanten Auffassungs- und Denkvermögens gehörte er zur Leistungsspitze. Der Mutter fiel damals allerdings auf, daß er Hausaufgaben ungern machte. Die Klassenlehrerin in Klasse 4 meinte, dies sei nicht tragisch. Sie empfahl Alexander vorbehaltlos fürs Gymnasium.

Bald nach Gymnasialbeginn begannen die Leistungen abzufallen, zwar nicht dramatisch, aber dennoch deutlich. Am Ende der 5. Klasse befand sich Alexander am Ende des mittleren Leistungsdrittels. Sein Problem bestand darin, daß er das häusliche Üben verschmähte. Die Eltern mußten ihn zum Hausaufgabenmachen und zur Klassenarbeitsvorbereitung zwingen. Folge des elterlichen Drucks war, daß er die schulischen Pflichten hin und wieder verschwieg. Dieser leidige Kampf ums Lernen setzte sich in der Klasse 6 fort. Aufgrund elterlichen Drängens, Drohens, Kontrollierens und Helfens schaffte Alexander gerade noch das Klassenziel. In der Klasse 7 vergrößerte sich die Stoffmenge, Latein und Geschichte kamen hinzu. Und die häuslichen Lernkonflikte verschärften sich. Da er inzwischen stark pubertierte und sein Bedürfnis nach Selbstbestimmung stärker wurde, reagierte er immer trotziger auf die Fremdsteuerung. Die Eltern gaben es deshalb nach dem Halbjahreszeugnis auf, Alexander zu behüten und zu überwachen. Sie beschränkten sich darauf, ihn hin und wieder zur Klassenarbeitsvorbereitung zu mahnen. Mit Ach und Krach und einer Fünf in Latein wurde er in die 8. Klasse versetzt. Die Mutter ging in den Sommerferien zu einem Erziehungsberater und erzählte ihm ihre Lei-

densgeschichte. Der riet ihr, Alexander im kommenden Schuljahr ganz in Ruhe zu lassen, denn er müsse endlich lernen, sich selbst verantwortlich zu sein. Außerdem solle er aus den Folgen seiner Faulheit lernen. Die Eltern hielten sich an diesen Rat, obwohl es ihnen sehr schwerfiel. So manches Mal schlich sich die Mutter bis vor Alexanders Zimmer. Die herausdröhnende Rockmusik stimmte sie nicht hoffnungsfroh. Und noch weniger erheiterten sie die Noten, die Alexander ab und an durchsickern ließ. Am Ende der Klasse 8 bekam er in Mathematik gerade noch eine Drei, in Deutsch eine Vier, in Englisch und Latein eine Fünf. Somit war er durchgefallen. Die Eltern redeten mit Alexander Tacheles und drohten fürs kommende Schuljahr Konsequenzen an: Taschengeldkürzung, Ausgehverbote, Urlaubssperre. Hoch und heilig versprach er, sich zu ändern.

In der ersten Hälfte des Wiederholungsjahres schienen die ersten Noten auf eine Besserung hinzudeuten. Die Eltern glaubten darin die Wirkung ihrer Drohungen zu erkennen. Und sie schenkten Alexander auch Glauben, als er diese Besserungen auf seinen gestiegenen Lernaufwand zurückführte. Kurz vor Weihnachten gab es ein böses Erwachen, als der Klassenlehrer den Eltern den aktuellen Notenstand nannte. Wider Erwarten war er um kein Jota besser als im letzten Schuljahr. Sowohl der Klassenlehrer als auch die Fachlehrer führten die erneute Misere auf Alexanders schreckliche Faulheit zurück.

Alexander bekannte sich schuldig und gelobte angesichts des bedrohten Weihnachtsfriedens feierlich, vom ersten Tag des neuen Jahres an fleißig zu lernen. Die ebenso harmoniebedürftigen Eltern vertrauten wiederum seinen Worten. Jetzt ist es Mitte Februar. Alexander sitzt mit seinen Eltern beim Schulpsychologen und gibt zu, daß er auch diesmal seine Versprechungen nicht in die Tat umgesetzt hat.

5.2 Ursachenbereich: Schule

„Das Lehrer-Schüler-Verhältnis hat einen überaus starken Einfluß auf die Lernhaltung der Schüler. Eine gestörte Lehrer-Schüler-Beziehung bewirkt eine ebenfalls gestörte Beziehung zum Lernen."

Werner Correll

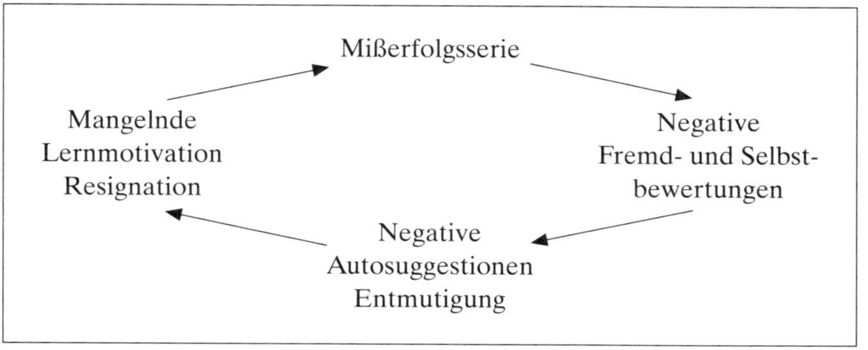

Abb. 4: Teufelskreis entmutigender Demotivierung

Obwohl das Fundament der Lernmotivation in der Familie gelegt wird, ist sie nicht ausschließlich hausgemacht. Auch das schulische Umfeld wirkt fördernd oder hemmend auf sie ein. Verursacht werden die schulisch bedingten Motivationsstörungen am meisten durch Kommunikationsfehler. Sie bestehen im wesentlichen darin, daß Lehrer dem natürlichen Anerkennungsbedürfnis von Kindern und Jugendlichen nicht gerecht werden. Erstens ist immer wieder zu beobachten, daß Schüler zu selten oder zu pauschal gelobt werden. Zweitens fällt auf, daß Leistungsrückmeldungen leider sehr häufig in einer destruktiven Form geäußert werden (Tausch & Tausch 1991). Sie beziehen sich weniger auf die negative Leistung, sondern verdammen die Person als Ganzes. Killerbotschaften wie „Du hast wohl einen Dachschaden" stellen den Schüler vor der Klasse bloß, verletzen sein Selbstwertgefühl und entmutigen ihn. Werden Schüler auf diese Art und Weise fertiggemacht, verinnerlichen sie die destruktiven Botschaften im Laufe der Zeit zu negativen Autosuggestionen (s. Abb. 4). Das heißt, daß sie das, was der Lehrer sagt, irgendwann zu sich selber sagen. Als Folge solcher Entmutigung sinkt das Vertrauen in die eigene Leistungsfähigkeit, geht der Lernaufwand zurück, macht sich Resignation breit. Kein Wunder, wenn dann die nächste Klassenarbeit wiederum schlecht ausfällt und der Teufelskreis sich erneut aufschaukelt. Ein weiteres Motivationshemmnis, das nicht selten vorkommt, ist die übertragungsbedingte Lehrer-Schüler-Unverträglichkeit. Übertragung meint, daß frühere negative Beziehungserlebnisse auf eine neue Bezugsperson übertragen werden. Diese Affektverlagerung tritt zum Beispiel auf, wenn ein Schüler feindselige Gefühle, die aus einer gestörten Vater-Sohn-Beziehung resultieren, auf den Lehrer überträgt. Auslöser für die-

ses Übertragungsgeschehen können sowohl äußerliche als auch psychische Ähnlichkeiten sein. Gerät ein Schüler in den Sog einer Übertragung, kann die Motivation gravierenden Schaden nehmen. Umgekehrt ist es auch möglich, daß der Schüler beim Lehrer negative, beziehungsstörende Affekte hervorruft. Vielleicht hat er Ähnlichkeit mit dem lernschwierigen Sohn des Lehrers oder mit einem Problemschüler, der dem Lehrer einmal besondere Schwierigkeiten bereitet hatte.
Ursachen sind auch im Bereich der Stoffvermittlung zu finden. So wirkt es sich motivationsstörend aus, wenn der Lernstoff zu schwierig oder zu leicht dargeboten wird. Ähnlich verhält es sich mit der Stoffmenge. Wird zuviel aufgegeben, entsteht Leistungsstreß. Und ein Zuwenig bewirkt Unterforderung. Demotivierend ist es des weiteren, wenn Lehrer es versäumen, Neugier zu wecken, den Stoff also langweilig darbieten. Ebenso folgenreich wie die fehlende Neugierweckung ist die Mißachtung des Tätigkeitsdranges von Kindern und Jugendlichen. Wenn sie großenteils frontal unterrichtet werden und nur wenig Gelegenheit zu handlungsorientierten Lernformen bekommen, macht sich Unlust breit. Motivationsblockaden können schließlich auch vom Wertsystem des einzelnen Lehrers und des Lehrerkollegiums ausgehen. Hat der einzelne Lehrer selbst Motivationsprobleme und lebt er dies den Schülern negativ vor (z. B. mangelhafte Unterrichtsvorbereitung), braucht er sich nicht darüber zu beklagen, wenn die Anstrengungsbereitschaft der Schüler zu wünschen übrig läßt. Und gibt es zwischen den Lehrern keinen Konsens hinsichtlich der Leistungserwartungen und Leistungskontrollen, schlägt sich dies in der Leistungsmotivation der Schüler nieder. Rutter (1980) konnte dies in seiner berühmten Schulvergleichsstudie klar und deutlich nachweisen. Circa 55% der Leistungsunterschiede zwischen den von ihm untersuchten Schulen hingen mit dem Grad des pädagogischen Konsenses zusammen. Oder anders ausgedrückt: Je mehr die Lehrer an einem Strang ziehen, desto motivierter sind die Schüler.
Letztlich kann auch die Klasse Störungen verursachen. Lehnt sie einen Schüler ab, treibt sie ihn in eine Außenseiterposition, oder quält sie ihn gar, leidet die emotionale Befindlichkeit in starkem Maße. Über kurz oder lang kann das sozial-emotionale Problem die Lernenergien empfindlich blockieren. Darüber hinaus kann die Klasse auch einen generell demotivierenden Einfluß ausüben. Und zwar dann, wenn sich die Überzeugung durchsetzt, daß Lernen grundsätzlich schlecht ist, und sich immer mehr Schüler mit dem Klassengeist identifizieren. Solche kollektiven Motivationsstörungen sind vor allem in der Zeit der Pubertät zu beobachten.

Fallbeispiel: Maria

Maria ist Achtkläßlerin an einer Realschule. Die Eltern stellen sie dem Schulpsychologen vor, weil sie in Mathematik und Physik auf Fünf steht und in diesen Fächern keine Lernlust mehr zeigt. In den ersten drei Realschuljahren war sie keine schlechte Mathematikerin. Sie stand immer auf einer sicheren Drei. Erst seit Beginn der Klasse 8 gingen ihre Leistungen rapide zurück. Die Eltern sind ratlos und möchten wissen, wie dieses plötzliche Versagen zu erklären ist.
Um die Hypothese zu klären, ob hinter dem Versagen sich eine Überforderung verbirgt, wird mit Maria ein Intelligenztest durchgeführt. Aus seinen Ergebnissen geht deutlich hervor, daß Marias mathematische Grundfähigkeiten völlig normal ausgeprägt sind. Sie hat das Potential, um mindestens durchschnittliche Mathematiknoten zu schreiben. Die weiteren diagnostischen Erhebungen zeigen, daß der Leistungsabfall auch nicht mit Mängeln in der Lern- und Arbeitstechnik zusammenhängt. Die Ursachenanalyse konzentriert sich schließlich auf die schulische Beziehungsebene. Und die erweist sich als in hohem Maße motivationsstörend. Es kommt heraus, daß der Lehrer Maria seit Schuljahresbeginn systematisch entmutigt. Als sie in der zweiten Mathematikstunde eine Aufgabe an der Tafel lösen sollte und dabei einen „Block" hatte, stellte sie der Lehrer vor der Klasse mit den Worten bloß: „Du bist sicherlich nicht die Tochter von Adam Riese." In der dritten Physikstunde stellte er ihr eine Frage, die sie nicht beantworten konnte, worauf er sie erneut kränkte: „Und die Tochter von Albert Einstein bist du sicherlich auch nicht." In den folgenden Wochen irritierte er Maria immer mal wieder mit entmutigenden Kommentaren. Sie ging sehr verunsichert in die ersten Klassenarbeiten und versagte auch prompt. Bei der Rückgabe der Arbeiten bekam sie die Killerbotschaften des Lehrers erneut zu spüren. Jetzt, nach fünf Monaten, hat Maria kein Vertrauen mehr in die mathematisch-naturwissenschaftliche Leistungsfähigkeit. Beide Fächer rufen in ihr Angst und Unlust hervor. Sie fürchtet sich vor dem Sitzenbleiben. Als der Schulpsychologe den Lehrer auf seine Kommunikationsfehler anspricht, entgegnet dieser: „Darf man mit den Schülern überhaupt nicht mehr spaßen?"

5.3 Ursachenbereich: Schüler

„(Die Faulheit) kann aber auch Ausdruck einer depressiv-passiven, resignierten Einstellung zum Leben sein und findet sich als solche oft bei von außen oder durch ihr Gewissen überforderten Kindern."

Walter Züblin

Der Ursachenschwerpunkt einer Motivationsstörung kann in den Eigentümlichkeiten und Besonderheiten der Schülerpersönlichkeit liegen. So gibt es Schüler, die in der momentan besuchten Schulform überfordert sind. Dies muß nicht heißen, daß sie generell unbegabt sind. Häufig ist es bei dieser Ursachenkonstellation so, daß sich die Anforderungsstruktur der Schule und die individuelle Begabungstruktur nicht decken. Ein Paradebeispiel hierfür ist der Gymnasialschüler, dessen Begabungsschwerpunkt im technisch-mathematischen Bereich liegt und der sich deshalb mit den hohen sprachlichen Leistungsanforderungen schwertut. Er strengt sich anfangs tatsächlich an, erleidet aber immer Mißerfolge. Diese machen ihn im Lauf der Zeit so mutlos, daß er eine Lern- und Leistungshemmung entwickelt, die sich im Endstadium auch auf das gesamte Fächerspektrum ausdehnen kann. Die Hypothese, daß ein Begabungsproblem vorliegt, sollte vom Beratungslehrer oder Schulpsychologen geprüft werden.

Die Ursachenanalyse wird aber nicht nur im Begabungsbereich, sondern auch im Einstellungssystem fündig. So fällt immer wieder auf, daß manche Schüler trotz förderlicher Lernumwelt, also nicht im Gefolge von Entmutigung, negative Selbstbewertungen entwickeln. Sie tendieren dazu, Mißerfolge mit Unfähigkeit zu erklären (Heckhausen 1989). Diese negative Einstellung zur eigenen Fähigkeit kann zum Zerfall der Anstrengungsbereitschaft führen.

Eine weitere schülerbedingte Ursache ist mangelndes Interesse. Warum sich manche Schüler trotz gezielter Anregungen für ein Fach nicht interessieren, liegt oft daran, daß sie bereits einen anderen Interessenschwerpunkt haben, der die Lernenergien an sich bindet. Dies ist nach dem 11./12. Lebensjahr völlig normal. Nur eine Minderheit der Jugendlichen hat ein ausgeglichenes Interessenprofil. Außerdem ist immer häufiger festzustellen, daß sich die Interessenstruktur der Kinder und Jugendlichen immer weniger mit der schulischen Fächerstruktur deckt, was die Motivierungsarbeit zusätzlich erschwert.

Wenn Schüler, die zuvor nicht leistungsauffällig waren, zwischen dem 13. und 15. Lebensjahr plötzlich in eine Motivationskrise geraten, hängt dies oft mit der Pubertät zusammen. Man spricht diesbezüglich auch von einer Pubertätslernstörung. Viele Schüler sind in dieser Umbruchphase so stark mit sich selbst und ihren Beziehungsproblemen beschäftigt, daß für das Lernen Anreiz und Energie fehlen.
Vor allem bei älteren Schülern kann die Motivationsstörung die Folge einer Sinnkrise sein. Sie sehen in der täglichen Lernarbeit keinen Sinn mehr, haben keine Hoffnung mehr für die Zukunft und geraten in den Zustand der krankmachenden Selbstzentrierung. Frankl (1992) zählt die Sinnkrise zu den gravierendsten Problemen der späten Jugendzeit und des jungen Erwachsenenalters.
Bei manchen motivationsgestörten Jugendlichen kann eine narzißtische Störung vorliegen. Häufig ist es die Spätfolge einer verwöhnenden-symbiotischen Mutter-Kind-Beziehung. Ziehe (1981) nennt diese Jugendlichen narzißtische Sozialisationstypen. Hervorstechende Merkmale sind geringe Frustrationstoleranz, Größenphantasien, starke regressive Bedürfnisse und ein breites Auseinanderklaffen von eigener Ansprüchlichkeit und Anstrengungsbereitschaft. Werden die jungen Narzißten auf den letztgenannten Widerspruch hingewiesen, reagieren sie mit Gekränktsein und Rückzug.
Tritt die Motivationsstörung in Form einer generellen Apathie und Antriebsschwäche zutage, die seit langem besteht, kommen ernsthafte Grunderkrankungen als Ursache in Frage. Zur Abklärung ist auf jeden Fall die Konsultation eines medizinischen Fachmannes (Kinderarzt, Kinder- und Jugendpsychiater) vonnöten. Dieser kann, eventuell in Kooperation mit weiteren Fachärzten, klären, ob die Grunderkrankungshypothese zutrifft. Möglich sind folgende Ursachen (Knölker 1987):

- organische Grunderkrankungen (z. B. Anämie),
- hirnorganische Erkrankungen (z. B. Encephalitis),
- Pharmaka- und Drogenmißbrauch,
- konstitutionell bedingte Antriebsschwäche,
- endokrine Störungen (z. B. Schilddrüsenunterfunktion),
- Psychosen (z. B. endogene Depression),
- neurotische Depressionen,
- Angstsyndrome,
- Zwangssyndrome,
- psychosomatische Erkrankungen.

Die Vielzahl dieser Krankheitsarten soll nicht den Eindruck erwecken, als kämen sie massenhaft vor. Sie sind nur bei einer kleinen Teilgruppe der motivationsgestörten Schüler festzustellen.

Fallbeispiel: Lukas

Lukas wiederholt gerade die Klasse 9 des Gymnasiums. Kaum sind die ersten vier Monate vorbei, befindet er sich schon wieder in akuter Versetzungsgefährdung. Aus Lukas' Biographie geht hervor, daß er sich mit dem Lernen schon lange Zeit schwertut. Das Leiden begann im letzten Grundschuljahr, als die Klassenlehrerin den ehrgeizigen Eltern mitteilte, daß sie Lukas nicht für das Gymnasium empfehlen könne. Die Eltern erklärten sich mit dieser Empfehlung nicht einverstanden und beantragten die Teilnahme an einer Aufnahmeprüfung. Dank der Vorbereitung durch eine Nachhilfelehrerin schaffte Lukas sie mit Ach und Krach. Im ersten Gymnasialjahr strengte er sich sehr an, stand aber am Ende in Englisch und Mathematik so schlecht, daß er die Klasse wiederholen mußte. Von da an besuchte er dreimal wöchentlich ein Nachhilfestudio, wo der Kernfachstoff gründlich wiederholt und Klassenarbeiten intensiv vorbereitet wurden. Diese Unterstützung machte aber aus Lukas keinen erfolgreichen Schüler. Sie bewirkte lediglich, daß er knapp die Klassenziele erreichte.
In der Klasse 9 blieb Lukas trotz der regelmäßigen „Infusionen" sitzen. Und jetzt, im Wiederholungsjahr, sieht die Leistungssituation nicht viel anders aus. Lukas ist sehr entmutigt und wird von immer mehr Selbstzweifeln und Minderwertigkeitsgefühlen geplagt. Diese resignative Stimmung blockiert seine Lernmotivation. Er sieht keinen Sinn mehr in der Schule. Und dies, obwohl die Eltern, die Lehrer und die Nachhilfelehrer gut zureden.
Die im Anschluß an das Erstgespräch durchgeführte Testuntersuchung zeigt deutlich, daß Lukas' intellektuelle Fähigkeiten unter dem Erwartungsniveau seiner Schulart liegen. Das heißt, daß er sich seit vielen Jahren in einer Überforderung befindet. Die Eltern möchten dieses Ergebnis zunächst nicht akzeptieren. Dem Vorschlag, diese Überforderung durch einen Wechsel zur Realschule zu beenden, stimmen sie erst zu, als der Schulpsychologe ihnen verdeutlicht, welche Folgen ein Verbleib auf dem Gymnasium haben könnte. Lukas hingegen erlebt den Rat als immense Erleichterung. Endlich ist er seine Überbürdung los.

Fallbeispiel: Hänschen

Der kleine Nimmersatt

Ich wünsche mir ein
Schaukelpferd.
'ne Festung und Soldaten
Und eine Rüstung und ein
Schwert.
Wie sie die Ritter hatten.

Drei Märchenbücher wünsch' ich
mir
Und Farbe auch zum Malen
Und Bilderbogen und Papier
Und Gold- und Silberschalen.

Ein Domino, ein Lottospiel,
Ein Kasperletheater,
Auch einen neuen Pinselstiel
Vergiß nicht, lieber Vater!

Ein Zelt und sechs Kanonen dann
Und einen neuen Wagen
Und ein Geschirr mit Schellen
dran,
Bei'm Pferdespiel zu tragen.

Ein Perspektiv, ein Zootrop,
'ne magische Laterne,
Ein Brennglas, ein Kaleidoskop –
Dies alles hätt' ich gerne.

Mir fehlt – ihr wißt es sicherlich –
Gar sehr ein neuer Schlitten,
Und auch um Schlittschuh'
möchte ich
Noch ganz besonders bitten.

Um weiße Tiere auch von Holz
Und farbige von Pappe,
Um einen Helm mit Federn
stolz
Und eine Flechtemappe.

Auch einen großen
Tannenbaum,
Dran hundert Lichter glänzen.
Mit Marzipan und
Zuckerschaum
Und Schokoladenkränzen.

Doch dünkt dies alles euch zu
viel,
Und wollt ihr daraus wählen,
So könnte wohl der Pinselstiel
Und auch die Mappe fehlen.

Als Hänschen so gesprochen
hat,
Sieht man die Eltern lachen:
„Was willst du, kleiner
Nimmersatt,
Mit all den vielen Sachen?

Wer so viel wünscht" – der
Vater spricht's –
„Bekommt auch nicht ein
Achtel –
Der kriegt ein ganz klein wenig
Nichts
In einer Dreierschachtel."

Heinrich Seidel (1842–1906)

5.4 Ursachenbereich: Gesellschaft

„Wenn ich zu Hause bin, sind meine Eltern meist am Relaxen. Ich sehe dann nicht ein, warum ich fleißig sein soll, während die faulenzen."

Ein motivationsgestörter Schüler

Das gesellschaftliche Umfeld, in dem die psychische Entwicklung heute stattfindet, hat sich in den letzten Jahrzehnten radikal verändert. Die Kinder am Ende des 20. Jahrhunderts sind Wohlstandskinder. Sie machen kaum mehr die Erfahrung lebensbedrohender Knappheit, sondern haben eher die Qual der Wahl im großen Konsumangebot. Die Mehrheit der Gesellschaft verfügt über genügend Kaufkraft, um kindliche Bedürfnisse optimal zu befriedigen. Und auf der Anbieterseite machen sich Produktentwickler, Marketingstrategen und Werbefachleute intensiv Gedanken, wie sie die Kaufwünsche der jungen Konsumenten wecken können. All

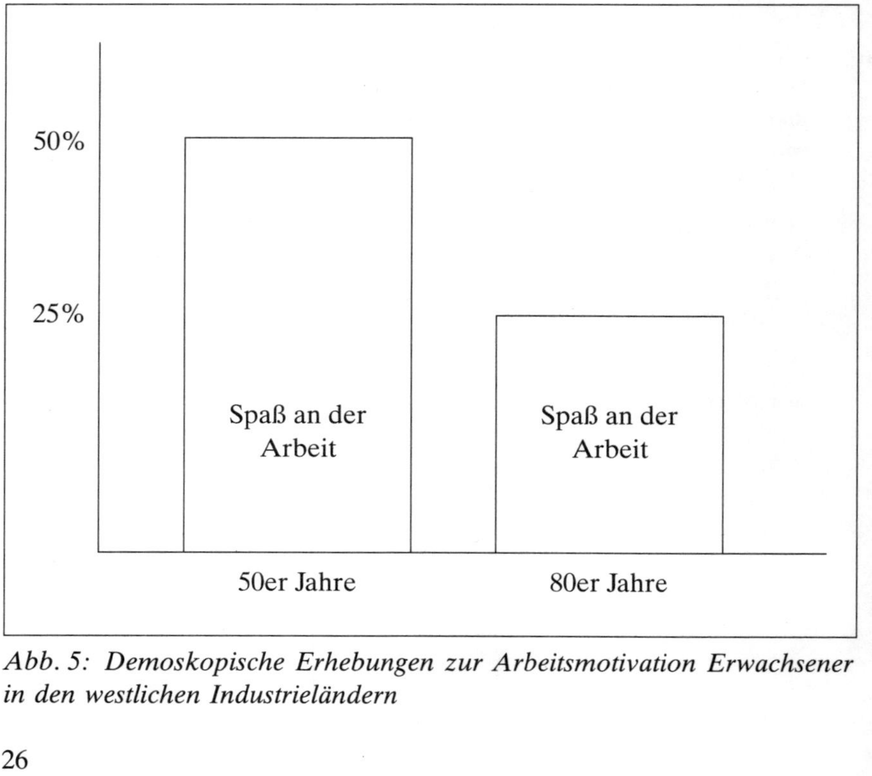

Abb. 5: Demoskopische Erhebungen zur Arbeitsmotivation Erwachsener in den westlichen Industrieländern

dies führt dazu, daß die Erwachsenen dem Konsumdrang immer weniger Grenzen setzen können. Je mehr die Kinder und Jugendlichen haben, desto mehr wollen sie. Viele ihrer Forderungen bekommen sie erfüllt, ohne dafür ernsthaft Gegenleistungen erbringen zu müssen.
In der Wohlstandsgesellschaft hat sich auch die Einstellung der Erwachsenen zur Arbeit gewandelt. Viele Menschen erleben die Arbeit nicht mehr als an sich motivierend, sondern arbeiten, um ein angenehmes Freizeitleben führen zu können. Während in der Mitte dieses Jahrhunderts mehr als die Hälfte der Berufstätigen ihre Arbeit als sinnerfüllend erlebt hatte, ist es heute nur noch ein knappes Drittel (s. Abb. 5).
Viele Kinder und Jugendliche sehen ihre Eltern nicht mehr beim Arbeiten. Allenfalls können sie sie bei der häuslichen Arbeit oder bei Hobbytätigkeiten beobachten. Die Chance, den Heranwachsenden Tüchtigkeit vorzuleben und vorzumachen, ist stark gesunken. Wen wundert es da noch, wenn sie sich mit der Motivationsentwicklung schwertun.

6. Fördermöglichkeiten

Ziel dieses Kapitels ist es nicht, therapeutische Techniken zu vermitteln. Es wird vielmehr aufgezeigt, wie Eltern und Lehrer die Motivation fördern können, und zwar im Sinne von Vorbeugung und Erster Hilfe. Die Förderanleitungen werden durch Übungen konkretisiert. Falls die Fördermethoden nicht wirken, erhält der Leser Hinweise darauf, wo die Grundstörungen wirksam behandelt werden können.

6.1 Der Verwöhnung Grenzen setzen

„Wer verzichtet, gewinnt."

Laotse

Der Mensch kommt als triebhaftes, hilfloses Mängelwesen auf die Welt. Die Anfangszeit seiner Entwicklung ist von elementaren Grundbedürfnissen bestimmt: Hunger, Durst, Liebe, Schlaf und Neugier. Um dem Kleinkind das Überleben zu sichern, müssen seine Grundbedürfnisse zunächst laufend befriedigt werden. Für das, was wir ihm zur Aufrechterhaltung seines physiologischen Gleichgewichts geben, können wir zunächst noch keine Gegenleistungen erwarten. Aber schon nach den ersten Lebensmonaten ist der Mensch in der Lage, seine Bedürfnisse so zu regulieren, daß nicht ständig etwas in ihn hineingestopft werden muß. Ein Beispiel hierfür sind feste Zeiten der Nahrungsaufnahme. Nun kann das Kleinkind Bedürfnisspannungen aushalten lernen, ohne einen gravierenden seelischen oder körperlichen Schaden erleiden zu müssen. Wenn es in den folgenden Lebensjahren den Bedürfnisaufschub lernt, wächst die Fähigkeit zur Steuerung der Motivation. Der Mensch ist nicht mehr ausschließlich Erfüllungsgehilfe der Triebe, sondern kann seine seelischen Energien auf die Erreichung kultureller Ziele ausrichten.
Erziehungstheorien, die postulieren, daß die Erwachsenen sich primär an den Bedürfnissen des Kindes orientieren müssen, haben sich in der Erziehungspraxis eher als entwicklungsschädlich erwiesen. Sie macht Kinder

zwar augenblicklich glücklich, langfristig aber ich-schwach und motivationsgestört. Außerhalb des familiären Schlaraffia kollabieren verwöhnte Kinder leider sehr häufig.
Eine Erziehung, die Verwöhnung vermeidet, darf nicht falsch verstanden werden. Sie bedeutet auf keinen Fall, daß man Kinder kasteien soll. Nein, sie ist schlicht und einfach so zu verstehen, daß ihnen nicht jeder Wunsch erfüllt und jedes Hindernis aus dem Weg geräumt wird. Und sie beinhaltet auch, daß sie nicht unabhängig von ihrem Verhalten das gleiche Maß an Lob, Liebe und anderen Zuwendungen erhalten. Leistungen erfordern Gegenleistungen, Nehmen verlangt Geben, Rechte bedeuten auch Pflichten.
Ein gutes Stück Motivationsförderung ist schon vollbracht, wenn

- nicht zu hohe Taschengeldbeträge ausgezahlt werden,
- sich der Eß- und Trinkkonsum in Grenzen hält,
- nicht zu teuer und zu häufig geschenkt wird,
- im Haushalt mitgeholfen werden muß,
- Medien in Maßen konsumiert werden.

Daß das Nicht-Verwöhnen Konflikte erzeugen und emotional schmerzen kann, weiß jeder, der selbst Kinder erzieht. Diese Erziehungskonflikte lassen sich aber um so besser verarbeiten, je mehr man dabei bedenkt, daß durch Fordern das persönliche Wachstum der Kinder und Jugendlichen gefördert wird.

Übung: Verzichten lernen

Die Wohlstandsgesellschaft verlockt, ja zwingt uns täglich zum Konsumieren. Da fällt uns allen das Aufschieben oder gar Aufgeben von Bedürfnissen besonders schwer. Viele Religionen lehren das Verzichten in Form fester Rituale. Ein Beispiel ist die Fastenzeit. Die überwiegende Mehrheit praktiziert jedoch das Fasten nicht mehr. Es schadet jedoch nicht, wenn das dem Fasten innewohnende Element des Verzichtens in anderer Form zum Ziel seelischer Übungsarbeit gemacht wird. Diese kann sowohl in der Familie als auch in der Schulklasse durchgeführt werden, und zwar gemeinsam von Erwachsenen und Kindern. Am Beginn der „Verzichtübung" sucht sich jeder ein Bedürfnis aus (z. B. Süßigkeiten essen, Alkohol trinken, Fernsehen), auf dessen Befriedigung er eine Zeitlang verzichten möchte. Die „Durststrecke" sollte zunächst nicht zu lang sein. Eine

Woche genügt. Danach wird gemeinsam bilanziert, wie gut das Verzichten gelungen ist und wie man es erlebt hat. Wichtig bei der Anerkennung des Übungserfolgs ist, daß die Erreichung des Zieles als Beweis persönlicher Stärke bewertet wird. Dies motiviert Kinder zur Wiederholung der Übungen!

6.2 Zur Selbständigkeit erziehen

„Hilf mir, es selbst zu tun."

Maria Montessori

Das Ziel aller Erziehung sollte eigentlich darin bestehen, sich selbst zu erübrigen. Aus Angst, Ungeduld und falsch verstandener Fürsorge werden Kinder und Jugendliche zu sehr klein gehalten. Dieses Übermaß an Behütung hemmt die Entwicklung der Selbststeuerung und der Verantwortungsbereitschaft. Die pädagogisch-psychologische Forschung hat immer wieder nachweisen können, daß erfolgreiche Schüler schon früh in ihrer Entwickung von ihren Eltern zur Selbständigkeit motiviert werden. Sobald dies körperlich möglich ist, wird ihnen zugemutet, das Eßbesteck allein zu handhaben, allein zur Toilette zu gehen und sich allein anzuziehen.

Wenn die Kinder in die Schule kommen, muß die Selbständigkeitserziehung fortgesetzt werden. Die Eltern sollen vor allem darauf achten, daß die Kinder die Hausaufgaben allein machen lernen. Dabei gilt als oberstes Prinzip: Was ein Kind selbst tun kann, soll ihm nicht abgenommen werden. Ständig neben dem Kind zu sitzen ist alles andere als lernförderlich. Die Eltern sollten nur dann helfen, wenn ein Kind tatsächlich nicht weiter weiß oder wenn es lernmethodische Schwierigkeiten hat (s. Kap. 6.9). Schädlich ist es auch nicht, wenn die Eltern nach der selbständigen Erledigung der Lernaufgabe eine Qualitätskontrolle durchführen. Diese ist bei Grundschülern sowie Fünft- und Sechstkläßlern durchaus altersgemäß.

Obwohl die Familie bei der Verselbständigung des Schülers die Hauptrolle spielt, ja spielen muß, ist die Schule keineswegs aus der Pflicht genommen. Sie hat es in der Hand, den im Elternhaus angelaufenen Entwicklungprozeß positiv zu beeinflussen. Zahlreiche Anregungen hierfür findet der Lehrer in Unterrichtskonzepten, die unter dem Dach der reformpädagogischen Bewegung (Kerschensteiner, Pedersen, Gaudig u. a.) entstanden sind. Diesen liegt die Erkenntnis zugrunde, daß der

Abb. 6: Das Selbständigkeitsproblem

klassische Frontalunterricht den Schüler nicht selbständig macht. Deshalb fordern sie, den Schülern im Unterricht möglichst viel Gelegenheit zur Selbsttätigkeit zu bieten. Verwirklicht wird dieser offene Unterricht heutzutage insbesondere in Form der Freiarbeit und des fächerübergreifend-projektorientierten Unterrichts. Die von Freinet begründete Freiarbeitsmethode (Gervé 1992) erzieht die Schüler zum Lernen in eigener Verantwortung. Sie wählen aus bereitgestellten Materialsammlungen Aufgaben aus, die sie allein oder zusammen bearbeiten. In diesem Lernprozeß hat der Lehrer die Funktion des Planers, Koordinators und Helfers. Viele Lehrer praktizieren die Freiarbeit als mehrstündigen Block in der Mitte des Vormittags.

Ebenfalls reformpädagogischen Ursprungs ist der fächerübergreifende Projektunterricht. An Themen wie z. B. „Die Vogelwelt in unserem Landkreis“ lernen die Schüler Zusammenhänge zwischen den einzelnen Fächern und Wissensgebieten entdecken. Die Schüler entwerfen dabei selbst Fragestellungen, wählen Methoden aus, gewinnen Erkenntnisse und stellen die Arbeitsergebnisse dar. Diese Form des ganzheitlichen Lernens ist nicht immer leicht zu organisieren, wirkt aber in hohem Maße lernmotivierend.

Übung: Selbständigkeit lernen

Regelmäßig und aus innerem Antrieb zu lernen, fällt vielen Schülern schwer. Oft sind es der Druck kurz bevorstehender Klassenarbeiten, die Angst vor dem Versagen oder Drohungen der Eltern, die den entscheidenden Lernimpuls erzeugen. Es gibt eine Motivierungsmethode, mit der die unliebsame Fremdsteuerung abgebaut und Selbständigkeit aufgebaut werden kann. Sie heißt Lerntagebuch, ist ab Klasse 5 anwendbar und funktioniert folgendermaßen:

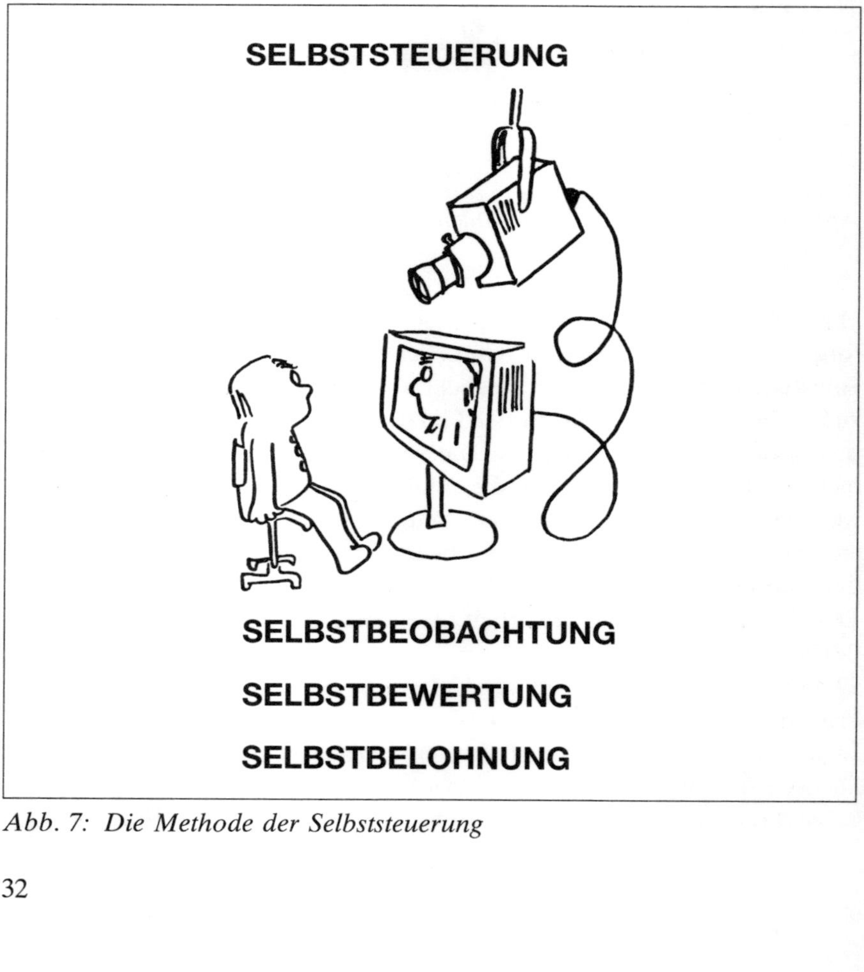

Abb. 7: Die Methode der Selbststeuerung

Der Schüler nimmt sich vor, sich selbst verantwortlich zu sein und aus eigenem Antrieb zu lernen. Die Eltern halten sich im Vertrauen auf die Selbstverantwortung des Schülers mit bisherigen Druckmethoden zurück. Um diese Selbststeuerung wirksam aufzubauen, schreibt der Schüler in den kommenden Wochen auf, was er von wann bis wann für die Schule tut. Das heißt, er legt sich selbst Rechenschaft ab beziehungsweise wird sein eigener Kontrolleur. Es genügt, wenn die Lerntätigkeiten kurz und stichwortartig dokumentiert werden:

Dienstag, den 5. 10.	
14.30–14.45	Englisch-Vokabeln
14.50–15.15	Mathematik-Aufgaben
15.25–16.00	Deutschaufsatz

Am Ende einer Arbeitswoche sollte man auswerten, wieviel Zeit für die einzelnen Fächer aufgewendet wurden. Somit kann man feststellen, welche Fächer zu kurz gekommen sind. Als Konsequenz daraus versucht man, in der kommenden Woche für diese Fächer mehr Zeit aufzubringen. Die Selbststeuerung kann zusätzlich gefördert werden, wenn man die protokollierten Lerntätigkeiten bewertet. Man stuft ein, wie nutzvoll man im entsprechenden Fach gelernt hat. Folgende Bewertungen bieten sich an:

+	=	Lerntätigkeit war nutzvoll
+/−	=	weder – noch
−	=	Lerntätigkeit war nicht nutzvoll

Darüber hinaus kann eine weitere Motivierungsstrategie einsetzen, nämlich die Selbstverstärkung. Man belohnt sich nach der Erledigung der Lernaufgaben mit einer besonders angenehmen Freizeittätigkeit (Musikhören, Film anschauen, Lesen, Freunde treffen, Joggen usw.). Die Erwartung, hinterher etwas Angenehmes tun zu können, verbessert die Lernmotivation beträchtlich.
Frühestens nach einem Monat kann man versuchen, ohne diese Motivationsstütze zu lernen. Vielen Schülern genügt es dann, wenn sie sich täglich mental ihre Lernziele setzen. Kommt es wider Erwarten erneut zu einer Lernflaute, sollte man wieder Lerntagebuch führen. Wichtig ist, daß die Eltern den Veränderungsprozeß mit Geduld, Ermutigung und Anerkennung begleiten.

Datum	**Zeit**	**Fach** (Inhalte bzw. Tätigkeit)

Abb. 8: Übungsblatt: Lerntagebuch

Datum	Zeit	Fach (Inhalte bzw. Tätigkeit)
18.10.	13.45 - 14.15	Englisch (Workbook, Vokabeln) +
	14.20 - 14.45	Mathe (Aufgaben) +/-
	14.50 - 15.05	Erdkunde (Zeichnung) +
19.10.	16.30 - 16.45	Englisch (Exercise) +
	16.45 - 17.10	Deutsch (Sachbeschreibung) -
	17.15 - 18.00	Geschichte (Wiederholung) +
20.10.	14.00 - 14.30	Englisch (Brief) +/-
	14.40 - 15.00	Mathe (Aufgaben) +
	15.05 - 15.35	Deutsch (Grammatik) +
	15.45 - 16.00	Geschichte (Wiederholung) +/-
	18.00 - 18.15	Englisch (Vokabeln) +
21.10.	16.30 - 17.00	Mathe (Aufgaben) +/-
	17.05 - 17.30	Bio (Protokoll) +
22.10.	14.00 - 14.30	Englisch (Exercise) +
	14.40 - 15.00	Musik (Lied) +
23.10.	11.00 - 12.00	Englisch (Klassenarbeitsvorbereitung) +/-
24.10.	10.00 - 11.00	Englisch (") +
25.10.	13.15 - 13.45	Mathe (Aufgaben) -
	13.50 - 14.05	Erdkunde (Übung) +
	14.15 - 15.00	Englisch (Klassenarbeitsvorbereitung) +
	15.15 - 15.30	Religion (Übung) +/-

Abb. 9: Übungsbeispiel: Lerntagebuch

6.3 Positive Verstärkung

„Es gibt wenige Menschen, die nicht den Wunsch haben, von Zeit zu Zeit ihrer Verdienste versichert zu werden."

Luc de Clapier Vauvenargues

Positive Verstärkung heißt, daß positive Konsequenzen den Menschen dazu motivieren, ein Verhalten zu wiederholen. Zum Beispiel kann dies der Fall sein, wenn die Mutter ihr Kind lobt, weil es eine Lernaufgabe selbständig bewältigt hat. Eine solche Verstärkung ruft nicht nur Gefühle der Freude und des Stolzes hervor, sondern sie schafft Anreize und Belohnungserwartungen.

Es gibt vielerlei Möglichkeiten, die Lern- und Leistungsmotivation durch positive Verstärkung aufzubauen. Bekommt ein Schüler von seinen Eltern für eine Serie guter Klassenarbeiten ein Spielzeug geschenkt, spricht man von materieller Verstärkung. Nickt der Lehrer nach einer Schülerantwort erfreut und anerkennend, handelt es sich um eine nonverbale Verstärkung. Würdigt er die Leistung eines Schülers mit den Worten „Das hast du schön ausgedrückt", so ist dies eine verbale Verstärkung. Wird die Klasse für gute Mitarbeit mit einem Lernspiel belohnt, nennt man dies Aktivitätsverstärkung. All diese Verhaltenskonsequenzen können die Lernbereitschaft bedeutsam stärken.

Wer die Motivation durch positive Verstärkung fördern möchte, muß einige Grundregeln beachten. Erstens sollten Verstärker dem Alter und dem Verhalten angemessen sein. Zweitens sollten sie nicht zu häufig, sondern in Intervallen verabreicht werden. Drittens sollte die Verstärkung nicht zu spät, sondern im Anschluß an das positive Verhalten erfolgen. Viertens muß die Verstärkung echt und ehrlich zum Ausdruck gebracht werden. Und fünftens sollte sie auf die Persönlichkeit des Schülers zugeschnitten sein. Letzteres setzt voraus, daß man die Bedürfnisse, Vorlieben und Einstellungen des Schülers kennt.

Positive Verstärkung ist nach wie vor das Motivierungsmittel, das in der Aufbauphase eines Verhaltens am meisten wirkt. Es darf jedoch nicht versäumt werden, diese extrinsische Motivierung zugunsten einer sich selbst verstärkenden intrinsischen Motivierung abzubauen.

Kommunikationsübung (für Lehrer)

Eva löste eine Mathematikaufgabe an der Tafel. Es handelte sich um eine relativ schwierige Gleichung. Eva durchdachte die Aufgabenstellung gut und löste die Gleichung ohne Rechenfehler auf.
Formulieren Sie ein Lob!

Kommunikationsübung (für Eltern)

In den ersten beiden Schuljahresmonaten verpatzte Sebastian einige Klassenarbeiten. Seit Mitte Oktober strengt er sich deutlich an. Jetzt schrieb er in Englisch eine Drei plus und in Mathematik eine Zwei bis Drei.
Wie könnte Sebastian für seine Fortschritte gelobt werden?

6.4 Konstruktive Kritik

„Kritik ist leicht, die Kunst ist schwer."

André Cardinal Destouches

Läßt die Lernbereitschaft sehr zu wünschen übrig oder bleibt sie eine Zeitlang völlig aus, kann Kritik ein Motivierungsmittel der Wahl sein. Kritik sollte jedoch sparsam verwendet werden. Denn je häufiger und massiver Kritik geäußert wird, desto stärker wird die Lehrer-Schülerbeziehungsweise Eltern-Kind-Beziehung gestört. Folge davon kann sein, daß das Vertrauen zerbricht, Noten verheimlicht werden und das Selbstwertgefühl weitgehend zerstört wird.
Schüler sind dann bereit, Kritik anzunehmen, wenn aus der Botschaft eindeutig hervorgeht, daß die Kritik auf das Fehlverhalten gerichtet und diesem angemessen ist. In diesem Fall spricht man von konstruktiver Kritik. Wird der Schüler aber durch den Tadel als Person verletzt und verdammt, indem er zum Beispiel als Taugenichts hingestellt wird, handelt es sich um eine destruktive Kritik. Ihr mangelt es an der nicht verdammenden Grundakzeptanz, die der konstruktiven Kritik noch innewohnt. Die konstruktive Kritik bringt klar zum Ausdruck: „Ich mag dich weiterhin, aber ich mag dein Fehlverhalten nicht." Die destruktive Kritik kränkt die Person. Sie bringt Beziehungsbrücken zum Einsturz, läßt den Schüler nach Rache sinnen und verstärkt Leistungsverweigerungen.
Die Annahme konstruktiver Kritik wird erhöht, wenn sie mit einem Teillob verknüpft wird (Roth 1983). Wenn ein Schüler bei ein und demsel-

ben Lehrer in Mathematik gut mitarbeitet, in Physik jedoch nicht, könnte die konstruktive Kritik lauten: „Ich würde mich freuen, wenn du in Physik genauso gut mitarbeiten würdest wie in Mathematik."
Beachtet werden sollte auch, daß der Abstand zwischen der kritisierenswerten Handlung und der Kritik nicht zu lange wird. Sofort kritisieren ist aber nicht immer gut, insbesondere dann, wenn dies vor der Klasse oder in Gegenwart von Geschwistern geschieht. Dies wird von den sensiblen Schülern meist als Bloßstellung erlebt, was die motivierende Wirkung der Kritik wieder zunichte macht. In diesem Fall ist es besser, die Kritik dem Schüler an einem separaten Ort mitzuteilen.
Was tun, wenn auch konstruktive Kritik Faulheit nicht verändern kann? Dann bleibt nichts anderes übrig, als Annehmlichkeiten (z. B. Taschengeld) zu reduzieren oder zu entziehen. Das Spüren-Lernen von negativen Konsequenzen kann zu einer Einstellungs- und Verhaltensänderung führen.
In Fällen sehr chronischer Leistungsverweigerung kann auch der Verstärkerentzug wirkungslos bleiben. In diesem Fall muß der motivationsgestörte Schüler ganz aus seinen Konsequenzen lernen. Konkret heißt dies, daß er die Nichterreichung höherer Bildungsabschlüsse in Kauf nehmen muß. Als Schulpsychologe habe ich es nicht selten erlebt, daß solche Schüler im Realitätstraining, das eine Lehre zweifelsohne vermittelt, motivational genesen. Viele dieser Schüler holen irgendwann die versäumten Bildungsabschlüsse mit einer wesentlich reiferen Lernmotivation nach.

Kommunikationsübung (für Lehrer)

Marco, der in Deutsch zu den besten und aktivsten Schülern zählt, strengt sich in Erdkunde so gut wie nicht an. Auf eine leichte Frage reagiert er mit einer desinteressierten Geste.
Formulieren Sie eine konstruktive Kritik!

Kommunikationsübung (für Eltern)

Annette zeigt sich an vielen Fächern interessiert und arbeitet in diesen auch gründlich. Das Gegenteil ist in der Mathematik der Fall. Sie mag dieses Fach nicht und läßt ab und an die Hausaufgaben ausfallen. Macht sie die Hausaufgaben, erwecken diese den Eindruck von Schlampigkeit und Oberflächlichkeit.
Formulieren Sie eine konstruktive Kritik!

6.5 Ermutigung

„Jedes Kind braucht fortgesetzt Ermutigung, genau wie eine Pflanze Wasser braucht."

Alfred Adler

Es gibt Schüler, die durchaus anstrengungsbereit sind, aber aufgrund von ständigen Mißerfolgserlebnissen das Vertrauen in die eigene Leistungsfähigkeit verloren haben. In diese demotivierende, entmutigende Grundstimmung geraten solche Schüler durch Kommentare von Lehrern, Eltern und Mitschülern. Besonders schädlich sind jene, die ihm suggerieren, es mangele ihm an Fähigkeiten.
Wenn ein Schüler in einer Mißerfolgsserie steckt, muß jeder Kommentar sorgsam überlegt werden. Insbesondere dann, wenn es sich um einen sensiblen und suggestiven Persönlichkeitstyp handelt. Was dieser Schüler braucht, ist Ermutigung, und zwar von der gesamten Lernumwelt. Ermutigung erfordert vom Erziehenden viel Einfühlungsvermögen. Sie bedeutet zunächst einmal, daß der Schüler in der Situation des Versagens Verständnis, Unterstützung und Hilfe erhält. Schon allein die Frage „Wie kann ich dir helfen?" kann ein wichtiges Signal sein. Will man Mißerfolgsschülern wirksam helfen, reicht eine punktuelle Ermutigung jedoch nicht aus. Hinzu kommen muß eine kontinuierliche Aufbauarbeit. Das heißt, daß jeder positive Ansatzpunkt zu würdigen ist. Dieser ist auch in schlechten Klassenarbeiten zu finden, wenn man sich darum bemüht, nicht nur die Löcher im Käse zu sehen (Schweizer-Käse-Prinzip). Und es müssen Erfolgsgelegenheiten geschaffen werden. „Für ein entmutigtes Kind ist schon der kleinste Erfolgsbeweis ein starkes Antriebsmittel, denn es hat selten Erfolg gehabt und ist überzeugt, daß es nie so weit kommen würde" (Dreikurs 1983, S. 80).
Entscheidend bei der weiteren Aufbauarbeit ist, daß jede Note, die besser ist als die vorherige, gewürdigt wird. Eine Vier bis Fünf statt einer Fünf sollte nicht nur am Klassendurchschnitt, sondern an der bisherigen individuellen Leistungsentwicklung gemessen werden. Wichtig ist auch, daß die Leistungsverbesserungen dem Schüler als Lohn seiner Anstrengung und als Beweis seiner Fähigkeiten vor Augen gehalten werden. Denn die Gefahr ist immer noch da, daß der mißerfolgsorientierte Schüler die bessere Note auf den Zufall oder leichtere Schwierigkeitsgrade zurückführt und somit das negative Selbstbild erhalten bleibt.
Die seelische Hilfe muß durch Lernhilfen und Lernberatungen ergänzt

werden (s. Kap. 6.9). So sollte auf der Basis der bisher geschriebenen Klassenarbeiten eine Fehleranalyse durchgeführt werden. Ziel ist die Feststellung von Fehlerschwerpunkten, zu deren Abbau ein individuelles Wiederholungsprogramm entwickelt werden kann. Die Aneignung effektiverer Lerntechniken kann den Genesungsprozeß bedeutsam fördern.

Kommunikationsübung (für Lehrer)

Christian ist in Englisch in eine Mißerfolgsserie geraten. Fünf, Fünf minus und Fünf bis Sechs lauteten die Noten. Auf die vierte Klassenarbeit bereitet er sich frühzeitig und gründlich vor. Im Unterricht arbeitet er aktiv mit. Trotz dieser Anstrengungen schreibt er nur eine Vier bis Fünf und ist maßlos enttäuscht.
Formulieren Sie eine ermutigende Botschaft!

Kommunikationsübung (für Eltern)

Sabine hat seit einiger Zeit massive Rechtschreibprobleme. Jedes Diktat enthielt durchschnittlich 30 Fehler. Um dieses Problem loszuwerden, wiederholt sie nun den Grundwortschatz mit Hilfe eines Lernkarteisystems. Jetzt hat sie eine Klassenarbeit zurückbekommen, die wieder schlecht benotet wurde, aber nur noch 18 Fehler aufweist.
Formulieren Sie eine ermutigende Botschaft!

6.6 Pädagogischer Konsens

„Schule funktioniert nur, wo gemeinsame Wertvorstellungen herrschen, man gemeinsam verstandenen Prinzipien folgt."

Hartmut von Hentig

Vom Schulklima gehen bedeutsame Einwirkungen auf die Lernmotivation der Schüler aus. Dies ist die zentrale Erkenntnis der inzwischen weltberühmt gewordenen Schulvergleichsstudie von Rutter (1980). Ähnlich wie in Betrieben gibt es in der Schule ein Ethos, das Lehrende und Lernende motiviert. Kernstück dieses Ethos ist der minimale pädagogische Konsens. Darunter ist die Übereinstimmung in bezug auf grundsätzliche Erziehungsziele, Leistungserwartungen und Erziehungsmittel zu verstehen.

Ist sich die Lehrerschaft hinsichtlich dessen, was sie von den Schülern fordern soll, uneinig, leidet das Lern- und Leistungsverhalten. Sehr schädlich ist zum Beispiel, wenn die einen Lehrer Hausaufgaben geringschätzen und entsprechende Lernkontrollen ablehnen, die anderen aber das Gegenteil signalisieren und verlangen. Eine solche Uneinigkeit wirkt auf die Schüler desorientierend und erschwert die Verinnerlichung von Leistungserwartungen. Was ein Kollege aufbaut, wird vom anderen wieder abgebaut. Unerläßich ist es deshalb, daß ein Lehrerkollegium den pädagogischen Konsens immer wieder zum Thema macht. Seine Verwirklichung läßt sich am besten fördern, wenn am Schuljahresbeginn der Klassenlehrer eine pädagogische Konferenz durchführt, auf der die Ziele der Schuljahresarbeit bestimmt und deren Umsetzung kooperativ geplant werden (s. u.). In der Folgezeit soll er darauf achten, daß die Kollegen ihre Erziehungs- und Unterrichtsarbeit an den gemeinsamen Zielen ausrichten. Konsens bedeutet übrigens nicht Konformität, sondern wesentliche Übereinstimmung.

Dasselbe, was gerade eben ausgeführt wurde, gilt natürlich auch für die Familie. Auch dort richtet Dissens Schaden an. Gehen die Leistungserwartungen zu stark auseinander, identifiziert sich das Kind mit dem Elternteil, der weniger fordert. Deshalb ist es unerläßlich, daß die Eltern in einem konstruktiven Dialog ihre Leistungserwartungen klären und gemeinsam in die Erziehungspraxis umsetzen.

Übung: Pädagogischer Konsens

Die in einer Klasse unterrichtenden Lehrer, auch Jahrgangsteam genannt, treffen sich in den ersten Schuljahreswochen, um ihre pädagogischen Konzepte auszutauschen. Zu Beginn notiert jeder Teilnehmer stichwortartig Antworten auf folgende Fragen:

- Wie hoch sind meine Leistungserwartungen im allgemeinen?
- Welchen Umfang haben die von mir gestellten Hausaufgaben?
- Wie häufig kontrolliere ich die Hausaufgaben?
- Was erwarte ich von der äußeren Form der Hausaufgaben?
- Wie reagiere ich, wenn Schüler Hausaufgaben versäumen?
- Welche Erwartungen habe ich an das Disziplinverhalten der Schüler?
- Wie reagiere ich auf Disziplinstörungen?
- Was halte ich von der Delegation von Verantwortung?
- Wie stehe ich zur Zusammenarbeit mit dem Elternhaus?

Entweder werden die Antworten auf eine Wandzeitung übertragen oder der Gruppe mündlich mitgeteilt. Nach dieser Erhebung wird bilanziert, wo es Konsens und wo es Dissens gibt. Die weitere Gruppenarbeit muß sich nun darauf konzentrieren, die verschiedenen Standpunkte zunächst noch einmal zu beleuchten und dann im konstruktiven Gespräch einen minimalen pädagogischen Konsens zu erreichen.

6.7 Neugier wecken

„Neugier ist der Trieb des Gehirns."

Hans Kasper

Der Mensch hat ein angeborenes Bedürfnis nach Reizzufuhr, was auch Neugier genannt wird. Die Neugier entspricht bezüglich der Triebstärke dem Hunger, dem Durst oder der Liebe. Durch Neugier lernen die Heranwachsenden die Umwelt zu erfahren und zu erkunden. Es gibt keine Aneignung von Wissen ohne dieses Grundbedürfnis. Allerdings ist es nicht so, daß die Neugier das Kind von selbst erfahren und wissend macht. Die erste Lernumwelt, nämlich die Familie, muß im Kind diesen Urmotor des Lernens wecken und ihn durch Anregung, Forderung und Förderung zum Laufen bringen. Nicht wenige Eltern tun das Gegenteil, indem sie das Erkundungsstreben und Fragen abbremsen und unterbinden. Ihnen sind brave, ruhige Kinder lieber. Daß sie dadurch die Lernmotivation hemmen, ist ihnen oft nicht bewußt. Eine frühe Förderung des Wissensdranges bedarf der gezielten Neugierweckung. Dazu gehört vor allem, daß Kinder zum Fragen ermuntert werden, ein aktives Spielangebot erhalten, mit der Buchkultur vertraut gemacht werden und ihre nähere und fernere Umwelt kennenlernen.
Die Neugierweckung muß in der Schule fortgesetzt werden. Nach Roth (1983, S. 230) besteht eine wesentliche Aufgabe des Unterrichtens darin, „den Lernstoff zu einem ‚Neugierproblem' zu machen". Dies ist allerdings leichter gesagt als getan, denn außerhalb der Schule wird die Neugier der Kinder und Jugendlichen durch ein vielfältiges Freizeit- und Medienangebot intensiv befriedigt. Somit muß der Lehrer bereits im Stadium der Unterrichtsvorbereitung genau überlegen und planen, wie durch paradoxe Einstiege, Widerspruch erzeugende Fragen, spannende Berichte und Suggestionen die Lernenergien mobilisiert werden können.

Ein spezielles Mittel der Neugierweckung ist die Interessenanknüpfung. Darunter versteht man die Einbeziehung von Freizeitinteressen und außerschulischen Erfahrungen in die Stoffvermittlung. Beispiele hierfür sind das Übersetzen von Popsongs, Wetter- und Wachstumsbeobachtungen, Erforschung der Orts- und Stadtgeschichte oder Schadstoffanalysen. Wer dies erfolgreich tun möchte, muß die Interessen seiner Schüler erforschen – durch Gespräche oder schriftliche Befragungen.

Übung: Interessenanknüpfung

Das Interesse gehört zu den wichtigsten Beweggründen schulischen Lernens. Manche Schüler lassen sich für einen Lernstoff besser motivieren, wenn dieser durch Anknüpfung an außerschulische Tätigkeiten interessant gemacht wird. Hierzu soll die folgende Übung (für Schüler) dienlich sein.

Überlege, mit welchen außerschulischen Interessen, Hobbys, Tätigkeiten sich das Lernen in den folgenden Fächern verbinden läßt!

Schulfach:	Außerschulisches Interesse:
Deutsch	
Fremdsprachen	
Mathematik	
Physik	
Chemie	
Biologie	
Geschichte	
Erdkunde	

Abb. 10: Übungsblatt Interessenanknüpfung

6.8 Tätigkeiten anbieten

„Tätigkeit ist der wahre Genuß des Lebens, ja das Leben selbst."

Friedrich Schlegel

Der Mensch ist nicht nur neugierbedürftig, sondern er hat auch einen Tätigkeits- und Schaffensdrang. Denn täglich entsteht in seinem Körper, durch die Nahrungsaufnahme bedingt, ein Energiepotential, das umgesetzt werden möchte. Erhalten Kinder und Jugendliche keine Betätigungsmöglichkeiten, entstehen daraus Langeweile und Unlust.
Manche Motivationsstörung wurzelt darin, daß das Elternhaus dem natürlichen Tätigkeitsbedürfnis des Kindes nicht gerecht wird. Unter Beschäftigung wird großenteils Medienkonsum verstanden. Einen Großteil der Freizeit verbringen die Medienkinder mit Fernsehen, Videofilmen, Musikhören und Gameboyspielen. Kein Wunder, wenn diese Kinder und Jugendlichen sich dann nur schwer für andere Tätigkeitsformen motivieren lassen. Diese Passivierung läßt sich vermeiden, wenn

- Kinder schon früh Aktivitätsspielzeug (z. B. Holzbaukasten) erhalten,
- Eltern mit ihren Kindern viel basteln,
- getanzt, gesungen und musiziert wird,
- Bibliotheken und Ausstellungen besucht werden,
- Sport getrieben wird,
- häusliche Pflichten übernommen werden,
- Tiere gehalten und gepflegt werden,
- Kinder- und Jugendgruppen besucht werden,
- dem Medienkonsum deutliche Grenzen gesetzt werden.

Nicht nur in der Familie, sondern auch in der Schule gibt es Unlust erzeugende Aktivitätsstaus. Nach wie vor krankt der Unterricht daran, daß er den Schülern zu wenige Handlungsmöglichkeiten anbietet. Der Unterrichtsforscher Hage (1985) hat diesen Aktivierungsmangel empirisch belegt. Seinen Untersuchungsergebnissen ist zu entnehmen, daß der Unterricht immer noch großenteils aus Lehrervorträgen besteht (77%), nur ein kleiner Rest verteilt sich auf aktivere Formen wie Einzelarbeit (10%), Gruppenarbeit (7%) und Partnerarbeit (3%).
Der Unterricht muß, will er motivieren, viel Gelegenheit zur Selbsttätigkeit enthalten. Von einem tätigkeits- und handlungsorientierten Unterricht kann dann gesprochen werden, wenn Schüler zum Beispiel

- ein Buch produzieren,
- eine Klassenzeitung machen,
- eine Lektüreszene im Rollenspiel darstellen,
- ein Modell bauen,
- eine Reportage machen,
- eine Lernkartei entwickeln,
- Sammelmappen anlegen,
- eine Fragebogenaktion durchführen,
- ein Stadtsanierungsmodell entwerfen.

Der handlungsorientierte Unterricht bedarf einer guten Planung, Vorbereitung und Steuerung. Er erfordert mehr Aufwand als der Unterrichtsvortrag, was sich über kurz oder lang in Form besserer Lernmotivation auszahlt.

Übung (für Lehrer)

Lehrer, die ihren Unterricht motivierender gestalten möchten, schließen sich zu didaktischen Tandems zusammen. Sie analysieren kritisch ihr Unterrichtsrepertoire, insbesondere im Hinblick auf die Frage, ob es dem Handlungsbedürfnis von Kindern und Jugendlichen entspricht. Vor dem Hintergrund dieser Analyse wird nun überlegt, wie ein schüleraktiverer Unterricht praktiziert werden kann (Partnerarbeit, Gruppenarbeit, Experimentieren, Gestalten, Rollenspiel, Lernspiel usw.). Es werden konkrete Unterrichtseinheiten geplant und erprobt. Nach diesem Experimentalstadium wird die Frage beantwortet, welche Elemente ins Methodenrepertoire übernommen werden können.

Übung (für Eltern)

Die Eltern überlegen gemeinsam, ob ihr Freizeitangebot dem Handlungsbedürfnis ihres(r) Kindes(r) entspricht. Sie listen zunächst auf, wie die einzelnen Freizeittätigkeiten aussehen. Danach ermitteln sie den Anteil aktiver (z. B. Sport) und passiver Verhaltensformen (z. B. Fernsehen). Falls der passive Anteil überwiegt, entwerfen sie ein aktiveres Freizeitprogramm und setzen es in die Tat um.

6.9 Lernen lehren

„Der Schüler ist reif, wenn er so viel bei anderen gelernt hat, daß er nun für sich selbst zu lernen imstande ist."

Wilhelm von Humboldt

Viele Schüler möchten gerne lernen, verlieren aber im Lauf der Zeit die Lust daran, weil sie nicht wissen, wie sich das Lernen erleichtern, steuern und verbessern läßt. Will man diesen Schülern helfen, muß man sie – sowohl im Elternhaus als auch in der Schule – am Beispiel täglicher Lernaufgaben das Lernen lehren.
Zu fragen ist, welche Lern- und Arbeitstechniken Schülern vermittelt werden sollen. Eine Antwort darauf erhielt die Pädagogik aus den Ulmer Lernförderstudien (Keller 1994 a u. b; Hitzler & Keller 1992). Demnach sollte sich die Lernförderung auf folgende Techniken und Methoden konzentrieren:

Motivation:

- Verbesserung der Selbststeuerung durch Selbstkontrollmethoden (z. B. Lerntagebuch, Wochenplan),
- Zerlegung von globalen Zielen (z. B. Klassenarbeitsvorbereitung) in Teilziele, die schrittweise bewältigt werden,
- Aneignung positiver Selbstbewertungen,
- Abbau von Desinteresse gegenüber Schulfächern durch Interessenverknüpfung (z. B. Chemie – Umweltschutz),
- Verbesserung der Lernstimmung durch gemeinsames Lernen (Gruppeneffekt).

Organisation:

- Entwicklung günstiger Lerngewohnheiten durch feste Lernzeiten,
- kurz-, mittel- und langfristige Zeitplanung mit einem Terminposter oder Terminkalender,
- Einteilung des Tagespensums in Muß- und Kann-Ziele,
- lernförderliche Gestaltung des Arbeitsplatzes,
- zweckmäßige Handhabung der Lern- und Arbeitsmittel.

Informationsbeschaffung:

- Informationsentnahme aus Karten, Grafiken und Tabellen,
- Informationsentnahme aus Texten nach der Methode des schrittweisen Lesens,
- Anfertigung von Mitschriften und Notizen,
- Gebrauch von Nachschlagewerken, Literaturverzeichnissen und Sachregistern,
- Benutzung von Bibliotheken und Katalogen,
- Anfertigung von Protokollen, Referaten und Facharbeiten.

Verstehen, Merken, Problemlösen:

- Stoffverständnis durch Verknüpfung mit Bekanntem, bildhaftes Vorstellen, Vereinfachen, Nachfragen und Nachschlagen,
- mehrkanalige Stoffverankerung: Sehen, Lesen, Hören, Sprechen, Schreiben und Handeln,
- aktives Textlernen durch Unterstreichen, Herausschreiben, Strukturieren und Zusammenfassen,
- systematisches Wiederholungslernen (z. B. mit der Lernkartei),
- Kontrolle des Gelernten durch Selbstprüfen und Anwenden,
- Erleichterung des Erinnerns durch Abrufhilfen (z. B. Merkverse),
- systematisches Problemlösen (Erkennungs-, Finde-, Prüfstrategien).

Konzentration:

- Erhalt des Anspannungs-Erholungs-Gleichgewichts durch Lernpausen und Entspannungsübungen,
- Vermeidung von Konzentrationsverlusten durch Lernstoff- und Lernwegwechsel,
- Kontrolle von Aufschubhandlungen durch Zielsetzung,
- Beseitigung ablenkender Reize am Arbeitsplatz,
- Anpassung der Lernzeiten an den Biorhythmus,
- Aneignung konzentrationsfördernder Selbstinstruktionen.

Bisherige Wirksamkeitsstudien belegen, daß Kinder und Jugendliche, die beim Lernen des Lernens gezielt gefördert werden, sowohl ihr Lern- und Arbeitsverhalten als auch ihre Schulleistungen verbessern. Dies müßte die Schule dazu ermutigen, mehr als bisher für die Lernförderung zu tun. Sie sollte mit dem Lehren des Lernens früh beginnen. Elementare Lern- und Arbeitstechniken können schon in der Grundschule eingeübt werden (Hitzler & Keller 1992). Intensiviert werden muß dann das Lernen lernen

ab Beginn der Klasse 5, denn jetzt nimmt der Lernstoff kontinuierlich zu. Wirksam bewältigbar ist er nur, wenn das Lernrepertoire des Schülers erweitert wird.
In die Lernförderung müssen unbedingt auch die Eltern einbezogen werden (Keller & Thewalt 1994). Viele Eltern stehen nämlich den Lernschwierigkeiten ihrer Kinder hilflos gegenüber und bewirken mit falschen Tips und Hilfen oft das Gegenteil. Ihnen muß deshalb gezeigt werden, wie sie ihre Kinder zum selbständigen Lernen befähigen können.

Übungstips: Lernen lernen

Folgende Lerntips, so das Ergebnis von Erfolgskontrollen der Bildungsberatungsstelle Ulm, haben Schülern bei der Überwindung von Lernschwierigkeiten am meisten genützt:

ZEITPLANUNG

Trage Klassenarbeitstermine in einen Terminkalender ein. Teile den Klassenarbeitsstoff in Portionen auf! Fange frühzeitig mit der Vorbereitung an, damit du nicht in Streß gerätst! Gut geplant ist halb gelernt!

HAUSAUFGABEN

Schreibe auf, welche Hausaufgaben du erledigen mußt! Fange nicht gleich nach dem Mittagessen mit dem Lernen an, sondern ruhe ein wenig aus! Nimm zuerst die leichteren Aufgaben in Angriff! Hast du viel zu lernen auf, fertige einen kleinen Tagesplan an! Hake ab, was erledigt ist!

HEFTFÜHRUNG

Schreibe leserlich und zeichne sauber! Vergiß die Überschrift und das Datum nicht! Hebe Wichtiges durch Unterstreichen und Markieren hervor! Kontrolliere den Hefteintrag abschließend!

LERNPAUSEN

Lerne nach dem Rhythmus von Anspannung und Entspannung! Das heißt: Nicht zu lange an einem Stück lernen, sondern immer wieder Pausen einlegen!

ARBEITSPLATZ

Lerne möglichst immer am gleichen Arbeitsplatz! Räume ihn vor dem Lernen auf! Lege Dinge, die dich ablenken können, weg! Vermeide bei schwierigen Aufgaben das Musik- und Radiohören! Lagere ständig gebrauchte Arbeitsmittel (Schreibwerkzeug, Lexika) in Griffnähe!

MEHRKANALIGES LERNEN

Nimm Lernstoff auf mehreren Lernwegen auf: mit dem Auge, mit dem Mund, mit dem Ohr und mit der Hand! Je mehr Lernwege du benutzt, desto besser wird der Lernstoff im Gehirn verankert und vernetzt. Das Durchlesen und Anschauen genügt nicht. Lies Wichtiges laut! Fasse den Kerninhalt schriftlich und mündlich zusammen! Fertige Zeichnungen und Tabellen an!

LERNSTOFFWECHSEL

Beschäftige dich nicht zu lange mit demselben Stoff, sondern mache eine Pause oder schiebe ein anderes Fach dazwischen! Lerne ähnliche Fächer (z. B. Englisch und Französisch) nicht hintereinander!

LERNKONTROLLE

Prüfe, ob das Gelernte tatsächlich auch sitzt! Schreibe oder sage wichtige Lerninhalte aus dem Gedächtnis auf! Stelle selbst Fragen und beantworte sie! Löse Übungsaufgaben!

GEDÄCHTNISSTÜTZEN

Will ein Lernstoff nicht in den Kopf, mache ihn dir durch Bilder (Zeichnungen oder innere Vorstellungen), Merkverse oder Abkürzungen merkbar! Du kannst dir z. B. das Datum der Schlacht bei Issus mit folgendem Spruch merken: „Drei-drei-drei, bei Issus Keilerei." Die Abfolge der Mittelohrknöchelchen „Hammer, Amboß, Steigbügel" läßt sich mit dem Merkwort „HAS" einprägen.

WIEDERHOLUNGSLERNEN

Prüfe immer mal wieder, ob dein Kernwissen (z. B. unregelmäßige Verben) sitzt! Stellst du Lücken fest, schließe sie! Markiere wichtigen, schwer merkbaren Stoff und wiederhole ihn regelmäßig! Merke: Viele kleine Wiederholungen sind wirksamer als eine große Wiederholung kurz vor der Klassenarbeit.

VOKABELLERNEN

Lies die Vokabeln zunächst laut, decke dann ab und prüfe sie so lange schriftlich, bis sie sitzen! Präge sie dir in Portionen ein und lerne nicht mehr als 30 bis 40 pro Tag! Schreibe schwer merkbare Vokabeln auf Karteikärtchen (Vorderseite: Deutsch, Rückseite: Fremdsprache) und kontrolliere sie öfters!

MATHEMATIKLERNEN

Gestalte das Mathematikheft sauber und übersichtlich! Trenne Haupt- und Nebenrechnungen voneinander! Hebe Merksätze und Formeln besonders hervor! Trainiere schwierige Lösungsverfahren nochmals zu Hause, und zwar Schritt für Schritt! Mache Hausaufgaben möglichst an dem Tag, an dem sie aufgegeben worden sind!

TEXTLERNEN

Lerne lange Lerntexte nicht auf einmal, sondern in mehreren Schritten! Überfliege den Text zunächst und lies ihn dann gründlich! Fasse ihn nach dem Lesen schriftlich zusammen (Texttelegramm)! Jetzt liest du ihn erneut durch und prüfst schließlich, ob du das Wesentliche frei wiedergeben kannst.

TEXTAUFGABEN LÖSEN

Lies den Text konzentriert durch! Verstehst du ihn nicht, mache ihn dir in eigenen Worten oder in Form einer Zeichnung klar! Überlege, wohin du willst und was du zur Lösung brauchst! Sieh die Aufgabe nochmals ruhig durch, wenn du dich verrannt hast! Frage dich, wo der Fehler liegt und welche Regel du sonst noch anwenden könntest! Kontrolliere, ob die Lösung stimmt!

LITERATURHINWEISE

Für Schüler der Klassen 5–8:
Keller, G.: Lernen will gelernt sein! Ein Lerntraining für Schüler.
Heidelberg und Wiesbaden: Quelle & Meyer 1994 (5. Aufl.)

Für Schüler der Klassen 9–13
Keller, G.: Der Lern-Knigge. Für Jugendliche und junge Erwachsene.
Bad Honnef: K. H. Bock 1994 (2. Aufl.).

6.10 Sinnfindung unterstützen

„Im Erfüllen von Sinn verwirklicht sich der Mensch selbst.“

Viktor Frankl

Im späten Jugendalter erwächst manche Motivationsstörung aus einer Sinnkrise. Weil man in der Schule und im Leben momentan keinen Sinn sieht, hapert es mit der Lernmotivation. Solchen Jugendlichen hilft man durch Moralisieren nicht weiter, sondern verstärkt ihre Symptomatik allerhöchstens noch. Wer sinnfrustrierte Jugendliche bei ihrer Sinnsuche unterstützen will, muß sie zunächst so akzeptieren, wie sie sind, muß sich in sie einfühlen und muß sie ermutigen. Ein solcher Kommunikationsstil signalisiert ihnen, daß man sie versteht und ernst nimmt. Um den Willen zum Sinn zu aktivieren, bedürfen sie weiterer Hilfe. Sie möchten vor allem Antwort auf folgende Fragen:

- Bin ich denn überhaupt fähig, schulisch und beruflich etwas zuwege zu bringen?
- Gibt es noch etwas, wofür ich mich interessieren kann?
- Habe ich auch als Schulversager Aussicht auf einen Platz im Leben?
- Welche Freizeitmöglichkeiten können mir den langweiligen Alltag angenehmer machen?
- Wie kann ich in einen Freundeskreis gelangen?
- Wie kann ich einen Partner oder eine Partnerin finden?
- Wie kann ich persönlich weiterwachsen?

Einige dieser Fragen können Lehrer und Eltern sicherlich beantworten helfen. So können sie Freizeitangebote ausfindig machen, Begegnungen zustande bringen, Fertigkeiten zur Kontaktsuche vermitteln oder erste Hilfen zur Berufsorientierung geben. Wenn es um die Erkundung der beruflichen Eignung und Neigung geht oder um die Suche nach Auswegen im Falle eines Schulversagens, empfiehlt sich die Konsultation des Beratungslehrers, Schulpsychologen oder Berufsberaters.

Wenn Jugendliche sich aus der krankmachenden Selbstzentrierung zu lösen beginnen und sich wieder in Aktivitäten und Mitmenschen „verlieren“, ist schon ein wichtiger Schritt in Richtung Sinnfindung getan. In diesem Stadium muß jedes noch so kleine Erfolgserlebnis mit Ermutigung kommentiert werden. Und es ist wichtig, dem Sinnsucher verständlich zu machen, daß die Sinnkrise eine Phase ist, die jeder Mensch durchstehen muß.

Übung: Sinnfindung

Das Wort „Sinn“ stammt aus dem Althochdeutschen und bedeutete ursprünglch soviel wie „Reisen“. Viele Jugendliche befinden sich auf einer Lebensreise, die deshalb so schwierig ist, weil sie nicht wissen, wohin die Reise gehen soll. Unterstützt werden kann die Sinnfindung durch eine Übung, deren Aufgabe darin besteht, das bisherige und künftige Leben in Form eines Bildes darzustellen. Am besten eignet sich hierzu die Versinnbildlichung des Lebens als Fluß. Die Lebensreise beginnt an der Quelle, also am Ort der Geburt. Links und rechts am Flußufer werden nun wichtige Lebensstationen dargestellt (erste Kindheitsjahre, Familie, erste Freunde, Schulanfang, Schulwechsel usw.). Wenn der Jugendliche im Hier und Jetzt angelangt ist, hält er inne und denkt darüber nach, welche Reiseziele in Frage kommen könnten (Ausbildung, Studium, Partnerschaft, Ehe, Familie, Beruf usw.). Diese Vorstellungen und Phantasien setzt er wieder in Bilder um. Wichtig ist, daß die Erwachsenen alles, was an positiven Sinngehalten zum Ausdruck kommt, positiv kommentieren und verstärken.
Diese Übung eignet sich sowohl für die familiäre als auch für die schulische Bearbeitung der Sinnfrage.

6.11 Grundstörungen wirksam behandeln

„Man muß versuchen, bis zum äußersten ins Innere zu gehen.“

Samuel Beckett

Bisher wurden Methoden der Motivationsförderung dargestellt, die in Elternhaus und Schule ohne therapeutische Qualifikation angewandt werden können. Ohne Zweifel, so das Ergebnis vieler Förderstudien, wirken sie vorbeugend und können auch Motivationsstörungen im Anfangsstadium „heilen“. Halten Motivationsstörungen aber trotz dieser „Ersten Hilfen“ an und beeinträchtigen sie in immer stärkeren Maße den Heranwachsenden und seine Familie, liegt wahrscheinlich eine ernsthaftere Grundstörung vor. Es kann sich um eine chronische Überforderung, eine sozial-emotionale Krise oder um eine organische Erkrankung handeln. Besteht dieser Verdacht, darf nicht zu lange gewartet werden, beispielsweise mit der Hoffnung, daß die Zeit das Problem kuriert.
Als erste Institution, die man konsultieren könnte, bietet sich der Schul-

psychologische Dienst an (siehe unten!). Er kann eine erste, gründliche Ursachenanalyse vornehmen und im Rahmen seiner Möglichkeiten wichtige Problemlösungen bewirken (z. B. Schulformwechsel, Lernberatung, Beseitigung von Beziehungsstörungen). Wird der Schulpsychologe nicht fündig oder erweist sich seine Therapiearbeit als zu schwierig, delegiert er weitere Diagnose- und Therapiemaßnahmen an medizinische und psychotherapeutische Spezialisten.
Erfahrungsgemäß läßt sich durch die Behandlung von Grundstörungen die Lernmotivation positiv verändern. Das Elternhaus und die Schule seien jedoch vor der Erwartung gewarnt, daß sich Beratung und Therapie sehr rasch in deutlich besseren Noten und in einem symptomfreien Lern- und Arbeitsverhalten niederschlagen. Die Veränderungsarbeit, in die nicht selten auch das Familiensystem und die Schule einbezogen werden müssen, bedarf der Geduld und der Einsicht, daß man nicht aus jedem Kind einen Musterschüler machen kann.

Verzeichnis der Schulpsychologischen Dienste

Wenden Sie sich, wenn alle Möglichkeiten schulischer und familiärer Selbsthilfe ausgeschöpft sind, an den nächstgelegenen Schulpsychologischen Dienst und lassen Sie sich einen Beratungstermin geben. Die Anschriften sind im folgenden, nach Bundesländern gegliedert, aufgeführt:

Baden-Württemberg

Bildungsberatungsstellen:

73431 Aalen	Ziegelstraße 25	0 73 61 / 54 05 90
72336 Balingen	Ölbergstraße 23	0 74 33 / 97 29 70
88400 Biberach/Riß	Rollinstraße 15	0 73 51 / 5 93 60
73728 Esslingen	Mörikestraße 4	07 11 / 3 51 16 46
79098 Freiburg	Kaiser-Joseph-Straße 247	07 61 / 2 45 26
69120 Heidelberg	Bergstraße 80	0 62 21 / 47 25 53
74072 Heilbronn	Allee 29	0 71 31 / 7 80 11 59
76133 Karlsruhe	Hirschstraße 71	07 21 / 1 35 51 00
78462 Konstanz	Döbelestraße 16	0 75 31 / 20 71 66
71638 Ludwigsburg	Wilhelmstraße 61	0 71 41 / 1 41 25 56
68165 Mannheim	Augusta-Anlage 22–24	06 21 / 2 92 43 00
74821 Mosbach	Hauptstraße 87	0 62 61 / 8 73 27
77652 Offenburg	Hauptstraße 44	07 81 / 7 54 08
75172 Pforzheim	Gerbelstraße 4	0 72 31 / 18 34 01
88212 Ravensburg	Marktstraße 57	07 51 / 80 62 78
74523 Schwäbisch Hall	Ackeranlagen 3	07 91 / 75 23 42

71063 Sindelfingen	Corbeil-Essones-Platz 9	0 70 31 / 69 90 40
70176 Stuttgart	Silberburgstraße 146 A	07 11 / 20 50 39 28
97941 Tauberbischofsheim	Am Bild 27	0 93 41 / 80 43 91
72072 Tübingen	Eberhardstraße 15	0 70 71 / 2 00 21 97
89073 Ulm	Kronengasse 12	07 31 / 18 85 91
78048 Villingen-Schwenningen	Schillerstraße 8	0 77 21 / 5 63 30
71332 Waiblingen	Devizestraße 20	0 71 51 / 5 00 74 99
79761 Waldshut-Tiengen	Bogenstraße 4	0 77 51 / 10 71

Bayern

Staatliche Schulberatungsstellen:

86150 Augsburg	Hallstraße 9	08 21 / 51 70 78
95028 Hof a. d. Saale	Gymnasiumsplatz 4–6	0 92 81 / 8 44 40
84034 Landshut	Jürgen-Schumann-Straße 20	08 71 / 6 10 08
81679 München (Oberbayern Ost)	Beetzstraße 4	0 89 / 98 63 95
81679 München (Oberbayern West)	Beerzstraße 4	0 89 / 98 63 94
80331 München (Landeshauptstadt mit Landkreis)	Herzogspitalstraße 12	0 89 / 26 37 30
90409 Nürnberg	Löbleinstraße 8	09 11 / 35 78 10
93049 Regensburg	Hans-Sachs-Straße 2	09 41 / 2 66 01
97074 Würzburg	Voglerstraße 26	09 31 / 88 40 06

Berlin

Schulpsychologische Beratungsstellen:

14052 Berlin (Charlottenburg)	Heerstraße 12	0 30 / 3 00 53 27
10997 Berlin (Kreuzberg)	Adalbertstraße 23 b	0 30 / 25 88 28 50
12053 Berlin (Neukölln)	Boddinstraße 34–38	0 30 / 68 09 28 20
13437 Berlin (Reinickendorf)	Alt-Wittenau 8–12	0 30 / 4 19 22 24 42
10827 Berlin (Schöneberg)	Eberstraße 9	0 30 / 7 83 31 52
13585 Berlin (Spandau)	Borchertweg 2	0 30 / 33 03 28 29
10623 Berlin (Steglitz)	Goethestraße 9–11	0 30 / 79 04 23 59
12101 Berlin (Tempelhof)	Boelckestraße 58–60	0 30 / 7 56 05 73
10551 Berlin (Tiergarten)	Waldenserstraße 20–21	0 30 / 39 05 25 42
13357 Berlin (Wedding)	Badstraße 10 a	0 30 / 4 57 39 11
10713 Berlin (Wilmersdorf)	Mansfelder Straße 16	0 30 / 86 89 73 23
14195 Berlin (Zehlendorf)	Faradayweg 14	0 30 / 8 07 23 37

Brandenburg

Auskunft über die nächstgelegene Schulpsychologische Beratungsstelle erteilt: Ministerium für Bildung, Jugend und Sport

14473 Potsdam	Heinrich-Mann-Allee 107	03 31 / 3 62 63

Bremen

Beratungsstellen im Schulpsychologischen Dienst:

28211 Bremen	Straßburger Straße 12	02 41 / 4 96 36 14
28759 Bremen-Nord	Hermann-Wegener-Straße 5	02 41 / 6 59 73 25
28199 Bremen-Süd	Langemarckstraße 113	02 41 / 3 97 93 98
27574 Bremerhaven	Georg-Büchner-Straße 5	04 71 / 5 90-1

Hamburg

Dienststelle Schülerhilfe:

22305 Hamburg	Poppenhusenstraße 12	0 40 / 29 18 81

Hessen

Schulpsychologischer Dienst:

36251 Bad Hersfeld	Lutherstraße 1	0 66 21 / 7 12 10
61348 Bad Homburg	Luisenstraße 86–90	0 61 72 / 18 64 17
65307 Bad Schwalbach	Am Kurpark 8	0 61 24 / 40 21
34582 Borken	Krausgasse 30	0 56 82 / 20 35
64293 Darmstadt	Steubenplatz 9–11	0 61 51 / 1 21
64807 Dieburg	Marienstraße 31	0 60 71 / 27 41-44
64711 Erbach/Odenwald	Michelstädter Straße 2	0 60 62 / 7 03 21
37269 Eschwege	Werragasse 1	0 56 51 / 3 15 66
60594 Frankfurt/M.	Seehofstraße 41	06 11 / 21 21
65929 Frankfurt/Höchst	Bolongarostraße 101	0 61 96 / 2 60 66
61169 Friedberg	Kleine Klostergasse 16	0 60 31 / 41 72
36039 Fulda	Josefstraße 22–26	06 61 / 81 71
35390 Gießen	Steinstraße 51	06 41 / 3 40 81-83
64521 Groß-Gerau	Wilhelm-Seipp-Straße 4	0 61 52 / 1 23 26
63450 Hanau	Heinrich-Bott-Straße 1	0 61 81 / 1 30 51
64646 Heppenheim	Karl-Marx-Straße 8	0 62 52 / 30 18
34131 Kassel	Wilhelmshöher Allee 273	05 61 / 3 09 01
34117 Kassel	Obere Königstraße 8	05 61 / 87 50 58
34497 Korbach	Pommernstraße 41	0 56 31 / 70 41
36341 Lauterbach	Bahnhofstraße 49	0 66 41 / 18 57 09
35039 Marburg	Rollwiesenweg 2	0 64 21 / 22 41-43
63065 Offenbach (Landkreis)	Hermann-Steinhäuser-Str. 2	06 11 / 88 88 59
63065 Offenbach (Stadt)	Hermann-Steinhäuser-Str. 2	06 11 / 81 60 93
35781 Weilburg	Limburger Straße 10	0 64 71 / 20 81
65578 Wetzlar	Brühlsbachstraße 2 a	0 64 41 / 4 70 24
65183 Wiesbaden	Marktstraße 20	0 61 21 / 31 21

Mecklenburg-Vorpommern

Auskunft über die nächstgelegene Schulpsychologische Beratungsstelle erteilt:
Der Kultusminister des Landes Mecklenburg-Vorpommern

19055 Schwerin	Werderstraße 124	03 85 / 5 78-0

Niedersachsen

Schulpsychologische Beratung:

26603 Aurich	Hafenstraße 7	0 49 41 / 13-6 63
38100 Braunschweig	Fallersleber-Tor-Wall 23	05 31 / 4 84-13 03
27432 Bremervörde	Amtsallee 8	0 47 61 / 8 17 71
31303 Burgdorf	Schillerslager Straße 7	0 51 36 / 60 81
29221 Celle	Speicherstraße 2	0 51 41 / 1 45 06
49661 Cloppenburg	Rosengärten 2	0 44 71 / 54 66
27474 Cuxhaven	Vincent-Lübeckstraße 2	0 47 21 / 66 23 20
27753 Delmenhorst	Dwoberger Heuweg 42 D	0 42 21 / 5 00 82
26721 Emden	Am Delft 29	0 49 21 / 2 60 42
38518 Gifhorn	Am Schloßgarten 6	0 53 71 / 30 91
37085 Göttingen	Herzberger Landstraße 25	05 51 / 4 60 56
38640 Goslar	Tappenstraße 14	0 53 21 / 75 77-75
31789 Hameln	Hahlbrockweg 1	0 51 51 / 1 20 33
30167 Hannover	Engelbosteler Damm 14–16	05 11 / 1 06-44 79
38350 Helmstedt	Batteriewall 7	0 53 51 / 20 32
31134 Hildesheim	Almsstraße 11	0 51 21 / 1 20 01
37603 Holzminden	Brgmstr.-Schrader-Str. 17 a	0 55 31 / 1 00 55
26441 Jever	Sophienstraße 18	0 44 61 / 7 14 61
26789 Leer-Loga	Hoher Weg 6	04 91 / 7 39 21
29439 Lüchow	Königsberger Straße 10	0 58 41 / 12 06 61
21335 Lüneburg	Schießgrabenstraße 8–9	0 41 31 / 3 60 81
49716 Meppen	Ordeniederung Nr. 1	0 59 31 / 4 43 41
31535 Neustadt	Marktstraße 34	0 50 32 / 50 41
31582 Nienburg	Friedrichstraße 26	0 50 21 / 6 40 81
48529 Nordhorn	Gildkamp 10 a	0 59 21 / 3 48 19
37154 Northeim	Pommernstraße 14	0 55 51 / 6 59 66
26122 Oldenburg	Lindenallee 32	04 41 / 7 99-20 61
49080 Osnabrück	Martinistraße 63	05 41 / 3 14-9 33
27711 Osterholz-Scharmbeck	Bördestraße 16	0 47 91 / 20 84
37520 Osterode	Abgunst 9	0 55 22/50 04 72
26959 Ovelgönne	Kirchenstraße 29 a	0 44 01 / 84 50
31224 Peine	Beethovenstraße 2	0 51 71 / 1 79 16
38226 Salzgitter	Kampstraße 43	0 53 41 / 1 35 66
21682 Stade	Bahnhofstraße 5	0 41 41 / 4 60 09
31655 Stadthagen	Enzer Straße 54	0 57 21 / 7 60 14
29614 Soltau	Harburger Str. 2–4	0 51 91 / 21 88
28857 Syke	Bahnhofstraße 4	0 42 42 / 51 63
29525 Uelzen	Ebstorfer Straße 37	05 81 / 7 10 83
49377 Vechta	Mühlenstraße 51	0 44 41 / 1 63 55
27283 Verden	Am Nordertor 1	0 42 31 / 39 03
26655 Westerstede	Blumenstraße 1	0 44 88 / 30 88
27793 Wildeshausen	Delmenhorster Straße 6	0 44 31 / 85-2 04
26382 Wilhelmshaven	Peterstraße 57	0 44 21 / 2 62 52
21423 Winsen	Marktstraße 7–9	0 41 71 / 24 23

26409 Wittmund	Knochenburgstraße 11	0 44 62 / 61 61
38300 Wolfenbüttel	Robert-Everlien-Platz 1	0 53 31 / 2 70 68
38440 Wolfsburg	Schachtweg 1	0 53 61 / 1 50-24

Nordrhein-Westfalen

Schulberatungsstellen:

52078 Aachen	Eschenallee 15–17	02 41 / 52 10 56
32105 Bad Salzuflen	Otto-Kühe-Promenade 1	0 52 22 / 5 64 53
51465 Bergisch-Gladbach	Hauptstraße 71	0 22 02 / 5 30 04-5
33602 Bielefeld	Ravensberger Straße 12	05 21 / 51 69 15
53177 Bonn	Kurfürstenallee 2–3	02 28 / 77 45 63
46325 Borken	Im Piepershagen 17	0 28 61 / 8 23 46
46236 Bottrop	Blumenstraße 12–14	0 20 41 / 2 22 20
50321 Brühl	Kaiserstraße 6–8	0 22 32 / 7 07 30
48653 Coesfeld	Schützenwall 18	0 25 41 / 1 85 56
32756 Detmold (Stadt)	Leopoldstraße 2	0 52 31 / 7 73 12
32756 Detmold (Kreis)	Felix-Fechenbach-Straße 5	0 52 31 / 6 26 67
46284 Dorsten	Heinrich-Wienke-Straße 69	0 23 62 / 7 34 16
47051 Duisburg	Sonnenwall 58	02 03 / 2 83 37 14
52355 Düren	Monschauer Straße 227	0 24 21 / 19 18 30
40227 Düsseldorf	Willi-Becker-Allee 10	02 11 / 8 99-53 41
45127 Essen	Berliner Platz 24	02 01 / 1 81 38 80
45881 Gelsenkirchen	Florastraße 9 II	02 09 / 1 69 92 72
41515 Grevenbroich	Karl-Oberbach-Straße 6	0 21 81 / 60 13 07
33334 Gütersloh	Hülsbrockstraße 135	0 52 41 / 7 70 45
58095 Hagen	Thaerstraße 1	0 23 31 / 20 79 09
59071 Hamm	Ostenallee 88	0 23 81 / 17 23 17
32051 Herford	Wittekindstraße 9	0 52 21 / 1 34 38
52134 Herzogenrath-Kohlscheid	Kaiserstraße 50	0 24 07 / 50 22
40721 Hilden	Kirchhofstraße 33	0 21 03 / 5 36 86
37671 Höxter	Moltkestraße 12	0 52 71 / 61 06 16 16
50678 Köln	Claudiusstraße 1	02 21 / 2 21 90 01
47798 Krefeld	Tannenstraße 79	0 21 51 / 6 09 46
32657 Lemgo	Ewerbeckstraße 14	0 52 61 / 21 33 52
51373 Leverkusen	Manforter Straße 184	02 14 / 3 52 40 81-2
59557 Lippstadt	Steinstraße 9	0 29 41 / 51 50
58511 Lüdenscheid	Freiherr-von-Stein-Straße 27	0 23 51 / 1 75 82
59872 Meschede	Steinstraße 25	02 91 / 20 12 79
40822 Mettmann	Am Königshof 41–43	0 21 04 / 79 07 56
32423 Minden	Rosentalstraße 5	05 71 / 2 99 22
41061 Mönchengladbach	Kaiserstraße 102	0 21 61 / 1 30 91
40789 Monheim	Opladener Straße 28	0 21 73 / 5 58 58
45475 Mühlheim/Ruhr	Nordstraße 77	02 08 / 45 54 03
48147 Münster/Westfalen	Am Kreuztor 1	02 51 / 4 92 36 36 10
41460 Neuss	Oberstraße 7–9	0 21 01 / 2 06 40 34

46119 Oberhausen	Schwarzwaldstraße 25	02 08 / 60 69 42
57462 Olpe	Kurfürst-Heinrich-Straße 34	0 27 61 / 8 16 62
33102 Paderborn	Riemekestraße 55	0 52 51 / 30 83 81
40878 Ratingen	Philippstraße 21	0 21 02 / 2 91 24
45657 Recklinghausen	Herner Straße 13	0 23 61 / 5 87 37
42853 Remscheid	Nordstraße 74	0 21 91 / 44 27 94
58332 Schwelm	Lindenbergstraße 78	0 23 39 / 53 24
53721 Siegburg	Kaiser-Wilhelm-Platz 7	0 22 41 / 13 23 66
57072 Siegen	Friedrichstraße 47	02 71 / 21 08 09
59494 Soest	Osthofenstraße 35 a	0 29 21 / 35 90 40
42697 Solingen	Wilhelmstraße 14	0 21 22 / 19 53 28
45549 Sprockhövel-Hiddinghausen	Langenbruchstraße 6	0 23 39 / 53 23
42549 Velbert	Cranachstraße 20	0 20 51 / 41 81
41747 Viersen	Rathausstraße 3	0 21 62 / 3 00 55-6
48231 Warendorf	Waldenburger Straße 2	0 25 81 / 53 21 24
42275 Wuppertal	Werth 55–61	02 02 / 5 63 69 90

Rheinland-Pfalz

Schulpsychologische Beratungsstellen (Reg.-Bez. Rheinhessen-Pfalz):

55232 Alzey	Dautenheimer Landstraße 7/1	0 67 31 / 75 15
67227 Frankenthal	Carl-Bosch-Ring 29	0 62 33 / 2 32 78
76726 Germersheim	Tournuser Platz 2	0 72 74 / 28 02
67659 Kaiserslautern	Burgstraße 24	06 31 / 9 66 60
67292 Kirchheimbonlanden	Neumayerstraße 2	0 63 52 / 41 10
66869 Kusel	Remigiusbergstr. 9	0 63 81 / 17 44
76829 Landau/Pfalz	Westring 10	0 63 41 / 8 26 30
67059 Ludwigshafen	Lichtenberger Straße 8	06 21 / 51 00 33
55118 Mainz	Kaiser-Karl-Ring 4/IV	0 61 31 / 67 66 20
55118 Mainz (Landkreis)	Kaiser-Karl-Ring 4/V	0 61 31 / 67 18 70
67433 Neustadt/Weinstraße	Gabelsbergerstraße 8	0 63 21 / 8 29 79
66954 Pirmasens	Maria-Theresien-Straße 25	0 63 31 / 9 14 77
67105 Schifferstadt	Neustückweg 2	0 62 35 / 16 06
67346 Speyer	Kutschergasse 6	0 62 32 / 7 42 57
67547 Worms	Siegfriedstraße 31	0 62 41 / 63 57
66482 Zweibrücken	Dinglerstraße 7	0 63 32 / 1 46 67

Schulpsychologische Beratungsstellen (Reg.-Bez. Koblenz):

57610 Altenkirchen	Frankfurter Straße 6	0 26 81 / 54 98
56130 Bad Ems	Gartenstraße 4	0 26 03 / 57 18
55545 Bad Kreuznach	Reitschule 19	06 71 / 3 42 81
53474 Bad Neuenahr-Ahrweiler	Elligstraße 11	0 26 41 / 3 63 94
56812 Cochem	Ravenéstraße 11	0 26 71 / 81 00
55743 Idar-Oberstein	Hauptstraße 319	0 67 81 / 2 46 90
56068 Koblenz	Sachsenstraße 16	02 61 / 3 78 50

56727 Mayen	Göbelstraße 9–11	0 26 51 / 7 70 53
56410 Montabaur	Humboldtstraße 3	0 26 02 / 56 06
56564 Neuwied	Schloßstraße 76	0 26 31 / 2 78 58
55469 Simmern	Brühlstraße 2	0 67 61 / 37 51

Schulpsychologische Beratungsstellen (Reg.-Bez. Trier):

54470 Bernkastel-Kues	Gestade 3 b	0 65 31 / 83 39
54634 Bitburg	Brodenheckstraße 13/15	0 65 61 / 51 39
54550 Daun	Maria-Hilf-Straße 12	0 65 92 / 39 35
54329 Konz	An der Lichtsmühle	0 65 01 / 48 20
54290 Trier	Fleischstraße 34–36	06 51 / 4 53 99

Saarland

Schulpsychologischer Dienst:

66424 Homburg	Am Forum 1	0 68 41 / 10 42 38
66663 Merzig	Schillerstraße 33	0 68 61 / 7 34 82
66564 Ottweiler	Wilhelm-Heinrich-Straße 37	0 68 24 / 56 22
66111 Saarbrücken (Städt. Dienst)	Großherzog-Friedrich-Str. 6	06 81 / 3 00 15 71
66119 Saarbrücken (Stadtverband)	Schloßplatz 5	06 81 / 50 63 81
66740 Saarlouis	Professor-Notton-Straße 1	0 68 31 / 44 44 50
66606 St. Wendel	Mommstraße 25	0 68 51 / 80 13 12

Sachsen

Auskunft über die nächstgelegene Schulpsychologische Beratungsstelle erteilt:
Sächsisches Staatsministerium für Kultus, Jugend und Sport

01097 Dresden	Archivstraße 1	03 51 / 59 82-0

Sachsen-Anhalt

Auskunft über die nächstgelegene Schulpsychologische Beratungsstelle erteilt:
Ministerium für Kultus

39104 Magdeburg	Breiter Weg 31	03 91 / 5 67 01

Schleswig-Holstein

Bildungsberatungsstellen und Schulpsychologische Dienste der kreisfreien Städte und der Kreise:

23843 Bad Oldesloe	Stormarnhaus	0 45 31 / 80 03 79
23795 Bad Segeberg	Hamburger Straße 30	0 45 51 / 21 54 24
23701 Eutin	Lübecker Straße 41	0 45 21 / 8 35 32
24937 Flensburg	Bahnhofstraße 28	04 61 / 85 21 30
25746 Heide	Stettiner Straße 20	04 81 / 9 73 15
25813 Husum	Marktstraße (Kreishaus)	0 48 41 / 6 74 27

25524 Itzehoe	Bek-Straße 11	0 48 21 / 30 13
24103 Kiel	Klosterkirchhof 18	04 31 / 9 38 93
23552 Lübeck	Hinter der Burg 2–4	04 51 / 1 22 40 61
24536 Neumünster	Brachenfelder Straße 69	0 43 21 / 2 44 88
25421 Pinneberg	Lindenstraße 13	0 41 01 / 20 71 55
24306 Plön	H.-Rieper-Straße 6	0 45 22 / 83 98
23909 Ratzeburg	Barlachstraße 2	0 45 41 / 1 23 21
24768 Rendsburg	Kaiserstraße 8	0 43 31 / 20 24 62
24837 Schleswig	Moltkestraße 25	0 46 21 / 8 74 29
22880 Wedel	Rosengarten 17	0 41 03 / 8 77 39

Weiterhin gibt es Schulpsychologen in:

25337 Elmshorn	Hainholzer Damm 13 a	0 41 21 / 7 10 35
22869 Schenefeld	Blankeneser Ch. 5	0 40 / 83 03 72 12

Thüringen

Auskunft über die nächstgelegene Schulpsychologische Beratungsstelle erteilt:
Thüringer Kultusministerium

99096 Erfurt	Werner-Seelenbinder-Str. 1	03 61 / 3 86-0

7. Schlußbetrachtung

„Ich habe gehört, ihr wollt nichts lernen
Daraus entnehme ich: ihr seid Millionäre.
Eure Zukunft ist gesichert – sie liegt
Vor euch im Licht. Eure Eltern
Haben dafür gesorgt, daß eure Füße
An keinen Stein stoßen. Da mußt du
Nichts lernen. So wie du bist
Kannst du bleiben.

Sollte es dann noch Schwierigkeiten geben, da doch die Zeiten
Wie ich gehört habe, unsicher sind
Hast du deine Führer, die dir genau sagen
Was du zu machen hast, damit es euch gut geht.

Sie haben nachgelesen bei denen
Welche die Wahrheiten wissen
Die für alle Zeiten Gültigkeit haben
Und die Rezepte, die immer helfen.

Wo so viele für dich sind
Brauchst du keinen Finger zu rühren.
Freilich, wenn es anders wäre
Müßtest du lernen."

Bertolt Brecht

Es wäre falsch, Entwicklungsschwierigkeiten von Kindern und Jugendlichen vorschnell zu dramatisieren. Der Entwicklungsweg vom hilflosen Kleinkind zum selbständigen Erwachsenen ist nie leicht gewesen. Andererseits gab es noch keine junge Generation, die in so starkem Maße entwicklungsstörenden gesellschaftlichen Einflüssen und familiären Erziehungsfehlern ausgesetzt war wie die heutige. Der negativste Einfluß geht zweifelsohne von der Wohlstandsverwöhnung aus. Zwei Drittel bis drei Viertel der Familien sind trotz konjunktureller Krisen permanent so kaufkräftig, daß sie die Heranwachsenden über die Maßen verwöhnen können.

Je weniger der Verwöhnung Grenzen gesetzt werden, desto mehr nimmt die Entwicklung der Lern- und Leistungsmotivation Schaden. Verbreitet sich der Erziehungsfehler der Verwöhnung massenhaft, werden immer mehr Kinder und Jugendliche ohne echte Arbeitsmotivation die Arbeitswelt betreten. Dies führt über kurz oder lang dazu, daß der Motor der Leistungsgesellschaft zu stottern beginnt und schließlich kaputtgeht. Ein solcher Motivationszerfall hat sich im Verlauf der Geschichte immer mal wieder ereignet. Ein Beispiel hierfür ist der Niedergang des römischen Reiches. Es zerfiel nicht so sehr aufgrund äußerer Einwirkungen, sondern aufgrund einer immensen „Schlaraffisierung“, die in den staatstragenden Schichten begann und sich in die Basis des Volkes epidemisch ausbreitete. Diese Schlußbemerkung will nicht den Kulturpessimismus nähren, sondern den Erziehungsprinzipien der Grenzziehung und Leistungsmotivierung einen Sinn geben. Eine Hochkultur kann nur dort überleben, wo Kinder zum maßvollen Umgang mit ihren Bedürfnissen, mit ihrer Umwelt und den menschlichen Erzeugnissen erzogen werden.

8. Literaturverzeichnis

Allerbeck, K. & Hoag, W: Jugend ohne Zukunft? Einstellungen, Umwelt, Lebensperspektiven. München: Piper 1985.

Becker-Carus, C.: Motivation. In: Tewes, U. & Wildgrube, K.: Psychologie-Lexikon. München: Oldenbourg 1992.

Bohnsack, F.: Schule, wie sie sein könnte ... oder sollte. Deutsche Lehrerzeitung 21, 4. Maiausgabe, 1993.

Bourne, L. E. & Ekstrand, B. R.: Psychologie. Eschborn: Klotz 1992.

Dinkmeyer, D. & Dreikurs, R.: Ermutigung als Lernhilfe. Stuttgart: Klett 1980.

Dreikurs, R. et al.: Schülern gerecht werden. Verhaltenshygiene im Schulalltag. Weinheim und Basel: Beltz 1983 (3. Aufl.).

Frankl, V. E.: Die Sinnfrage in der Psychotherapie. München: Piper 1992.

Fröhlich, W. D.: dtv-Wörterbuch zur Psychologie. München: Deutscher Taschenbuch Verlag 1987.

Gage, N. L. & Berliner, D. C.: Pädagogische Psychologie. München: Psychologie Verlags Union 1986.

Gervé, F.: Freiarbeit. Was ist das? Wie geht das? Wie fange ich an? Beispiele, Materialien, Hilfen. Lichtenau: AOL Verlag 1992.

Hage, K. et al.: Das Methoden-Repertoire von Lehrern. Opladen: Westdeutscher Verlag 1985.

Heckhausen, H.: Motivation und Handeln. Heidelberg und Berlin: Springer 1989 (2. Aufl.).

Hitzler, W. & Keller, G.: So lerne ich richtig. Lerntechniken für Grundschüler. Donauwörth: Auer 1992 (2. Aufl.).

Jugendwerk der Deutschen Shell (Hrsg.): Jugendliche und Erwachsene '85. Generationen im Vergleich. 5 Bände. Hamburg 1985.

Jünger, W.: Schulunlust. Messung, Genese, Intervention. Frankfurt: Lang 1988.

Keller, G.: Das Klagelied vom schlechten Schüler. Eine aufschlußreiche Geschichte der Schulprobleme. Heidelberg: Asanger 1989.

Keller, G.: Lehrer helfen lernen. Lernförderung, Lernhilfe, Lernberatung. Donauwörth: Auer 1993 (4. Aufl.).

Keller, G.: Der Lern-Knigge. Für Jugendliche und junge Erwachsene. Bad Honnef: Bock 1994a (2. Aufl.).

Keller, G.: Lernen will gelernt sein. Ein Lerntraining für Schüler. Heidelberg und Wiesbaden: Quelle & Meyer 1994b (5. Aufl.).

Keller, G. & Thewalt, B.: So helfe ich meinem Schulkind. Erziehungs- und Lernhilfen für die ersten Schuljahre. Heidelberg und Wiesbaden: Quelle & Meyer 1994 (2. Aufl.).

Kifer, E.: Relationships between academic achievement and personality characteristics: A quasi-longitudinal study. American Educational Journal 12, 1975, 191–210.

Knölker, U.: Das antriebsschwache Schulkind. Münchner Medizinische Wochenschrift 21, 1987, 405–408.

Meister, H.: Förderung schulischer Lernmotivation. Düsseldorf: Schwann 1977.

Nolting, H. P. & Paulus, P.: Pädagogische Psychologie. Stuttgart: Kohlhammer 1992.

Oerter, R.: Entwicklung der Motivation und Handlungssteuerung. In: Oerter, R. & Mon-

tada, L. (Hrsg.): Entwicklungspsychologie. München: Psychologie Verlags Union 1987 (2. Aufl.).
Rheinberg, F. & Krug, S.: Motivationsförderung im Schulalltag, Göttingen: Hogrefe 1993.
Roth, H.: Pädagogische Psychologie des Lehrens und Lernens. Hannover: Schroedel 1983 (16. Aufl.).
Rutter, M.: Fünfzehntausend Stunden. Schulen und ihre Wirkung auf Kinder. Weinheim und Basel: Beltz 1980.
Schenk-Danzinger, L.: Entwicklungspsychologie. Wien: Österreichischer Bundesverlag 1988 (20. Aufl.).
Schwarzer, C.: Gestörte Lernprozesse. Analyse von Lernschwierigkeiten im Schulsystem. München, Wien, Baltimore: Urban & Schwarzenberg 1980.
Steinhausen, H. C.: Psychische Störungen bei Kindern und Jugendlichen. Lehrbuch der Kinder- und Jugendpsychiatrie. München, Wien, Baltimore: Urban & Schwarzenberg 1988.
Tausch, R. & Tausch, A. M.: Erziehungspsychologie. Begegnung von Person zu Person. Göttingen: Hogrefe 1991 (10. Aufl.).
Veroff, J.: Social comparison and the development of achievement-related motives in children. New York: Russel Sage Foundation 1969.
Ziehe, T.: Pubertät und Narzißmus. Frankfurt: Europäische Verlagsanstalt 1981 (4. Aufl.).
Zimbardo, P. G.: Psychologie. Berlin und Heidelberg 1992 (5. Aufl.).

9. Anhang

9.1 Leitfragen zur Klärung von Motivationsstörungen

Fragen an die Eltern:

Wie lange gibt es das Motivationsproblem schon?

Wie haben Sie bisher Ihr Kind zu motivieren versucht?

Verwenden Sie (Vater/Mutter) dieselben Motivierungsmittel?

Gab es bisher Ausnahmen von der Regel, daß sich Ihr Kind nur schwer motivieren läßt?

Was war da anders?

Welche Erwartungen haben Sie an die Zukunft Ihres Kindes (Bildungs- und Berufsabschlüsse)?

Wie war Ihre Lernmotivation, als Sie zur Schule gingen?

Fragen an den Schüler:

Wie gerne lernst Du?

Was treibt Dich zum Lernen?

Gab es bisher Ausnahmen von der Regel, daß Du nicht gerne lernst?

Was war da anders?

Wie reagiert die Schule auf Deine Lernunlust?

Was machen die Eltern, wenn Du nicht lernen willst?

Was sagen die Mitschüler zu Deinem Lernproblem?

Welchen Sinn siehst Du in der Schule?

Was möchtest Du später einmal werden?

Welche Freizeitinteressen hast Du?

Was müßten die Eltern tun, damit Du lieber lernst?

Was müßten die Lehrer tun, damit Du lieber lernst?

9.2 Satzergänzungsübung zur Lernmotivationsanalyse (in Anlehnung an Meister 1977)

Schreibe die angefangenen Sätze bitte zu Ende!

Wenn ich an die Schule denke, freue ich mich darauf, daß

Die Schule würde mir mehr Spaß machen, wenn

Wenn mir die Schule einfällt, kriege ich Angst, weil

Das Fach   macht mir am meisten Spaß, weil

Das Fach   macht mir am wenigsten Spaß, weil

Wenn ich Lehrer wäre und wollte die Schüler zum Lernen anregen, dann würde ich

Wenn ich Vater/Mutter wäre und wollte meine Kinder zum Lernen anregen, dann würde ich

Hausaufgaben

Klassenarbeiten

Mitarbeit im Unterricht

9.3 Fragebogen zur Diagnose der Lernmotivation und Lerntechnik

LERNCHECKLISTE

Name ______________________ Vorname ______________________

Schulart ____________________________ Klasse ______ Alter ______

Kreuze ehrlich an, in welchem Maße die folgenden Aussagen auf Dich zutreffen.

	nie	selten	manchmal	häufig	immer
Skala: Lernmotivation	1	2	3	4	5
1. Ich kann selbständig lernen, ohne daß meine Eltern mich drängen oder mir drohen müssen.					
2. Ich erledige meine Hausaufgaben.	1	2	3	4	5
3. Auf Klassenarbeiten bereite ich mich gründlich vor.	1	2	3	4	5
4. Ich setze mir Ziele, um mich zum Lernen zu bewegen.	1	2	3	4	5
5. Ich arbeite im Unterricht mit.	1	2	3	4	5
Skala: Lernorganisation					
6. Ich trage angesagte Klassenarbeiten in einen Terminkalender ein.	1	2	3	4	5
7. Ich schreibe auf, welche Hausaufgaben zu erledigen sind.	1	2	3	4	5
8. Ich bereite mich auf Klassenarbeiten rechtzeitig vor.	1	2	3	4	5
9. Wenn ich viel zu lernen habe, überlege ich vorher genau, was ich in welcher Reihenfolge anpacke.	1	2	3	4	5
10. Häufig benötigte Arbeitsmittel sind an meinem Arbeitsplatz griffbereit.	1	2	3	4	5
Skala: Gedächtnis					
11. Ich prüfe schriftlich, ob meine Vokabeln sitzen.	1	2	3	4	5

	nie	selten	manchmal	häufig	immer
12. Ich bereite mich auf Mathematikarbeiten vor, indem ich einzelne Aufgaben nochmals schriftlich rechne.	1	2	3	4	5
13. Aus Lerntexten schreibe ich wichtige Stichwörter heraus.	1	2	3	4	5
14. Läßt sich ein Lernstoff schwer merken, präge ich ihn mir durch ein Bild oder eine bildhafte Vorstellung ein.	1	2	3	4	5
15. Ich wiederhole alten Lernstoff.	1	2	3	4	5

Skala: Konzentration

16. Beim Lernen lege ich Pausen ein.	1	2	3	4	5
17. Wenn ich lerne, ist es leise.	1	2	3	4	5
18. Ich achte darauf, daß auf meinem Lernplatz nur Lernsachen liegen.	1	2	3	4	5
19. Wenn es mir langweilig wird, wechsle ich den Lernstoff.	1	2	3	4	5
20. Im Unterricht kann ich mich gut konzentrieren.	1	2	3	4	5

9.4 Motivationstips für Lehrer

Loben Sie Ihre Schüler für Leistungsfortschritte und positives Verhalten! Loben Sie nicht pauschal, sondern individuell! Das heißt, heben Sie das Besondere der Leistung hervor! Loben Sie nicht bei jeder Gelegenheit, sondern in Intervallen!

Verwenden Sie Tadel und Strafen sparsam! Drücken Sie Ihre Kritik so aus, daß die Schüler in ihrem Ehrgefühl nicht verletzt werden!

Verdammen Sie Schüler in Mißerfolgssituationen nicht! Vermeiden Sie Bloßstellungen! Selbstvertrauen und Leistungsbesserungen können letztlich nur durch Ermutigung und helfende Zuwendung entstehen.

Verwöhnen Sie Ihre Schüler nicht! Muten Sie ihnen den Aufschub von Bedürfnisspannungen zu! Verwechseln Sie aber den Bedürfnisaufschub nicht mit Kasteiung!

Seien Sie vorsichtig bei der Zuschreibung von Leistungsursachen! Vermeiden Sie es, Schülern zu sagen, ihr Mißerfolg sei die Folge von Begabungsmängeln! Haben Schüler Erfolg, führen Sie diesen auf deren Anstrengung oder Fähigkeiten zurück, nicht aber auf den Zufall oder geringen Schwierigkeitsgrad!

Setzen Sie die Leistung einzelner Schüler nicht nur zur Durchschnittsleistung der Klasse in Beziehung, sondern auch zur bisherigen individuellen Leistung! Hat ein lernschwieriger Schüler zwar noch keine gute Note geschrieben, sich aber im Vergleich zu früher verbessert, loben Sie ihn dafür!

Damit Schüler in der täglichen Anstrengung einen Sinn zu sehen lernen, zeigen Sie ihnen immer wieder den Zusammenhang zwischen kurzfristigen Lernzielen und langfristigen Lebenszielen auf!

Überlegen Sie bei der Unterrichtsplanung intensiv, wie die Weckwirkung von Spannung, Entdeckung und Neugier erzeugt werden kann!

Gewähren Sie im Unterricht genügend Gelegenheit zum selbsttätigen Lernen! Nur so läßt sich das Energiepotential vieler Kinder und Jugendlicher sinnvoll umsetzen.

Gestalten Sie den Schwierigkeitsgrad Ihrer Stoffdarbietung so, daß weder Überforderung noch Unterforderung entstehen!

Informieren Sie Ihre Schüler immer über das, was Sie mit ihnen gemeinsam erreichen wollen! Bewältigen Sie den Stoff nach dem Prinzip der schrittweisen Zielerreichung! Verknüpfen Sie die Zielerreichung mit Anreizen!

Sorgen Sie dafür, daß sich die Schüler bei Ihnen wohlfühlen! Führen Sie mit einzelnen Schülern und der Klasse immer wieder Gespräche! Fördern Sie das Klassenklima durch Feste und Projekte!

Versuchen Sie, mit Ihren Kollegen einen pädagogischen Minimalkonsens zu erreichen! Ziehen Sie an einem Strang, wenn es um elementare Ziele und Methoden des Erziehens und Unterrichtens geht!

Pflegen Sie guten Kontakt zum Elternhaus! Sprechen Sie mit den Eltern von Problemschülern, bevor es zu spät ist! Erläutern Sie den Eltern Ihr Erziehungskonzept! Achten Sie auch hier auf einen pädagogischen Minimalkonsens!

Appellieren Sie nicht nur an Ihre Schüler, daß sie lernen sollen, sondern zeigen Sie Ihnen auch, wie sich das Lernen erleichtern und verbessern läßt! Die Vermittlung von Lern- und Arbeitstechniken wird von Schülern als hilfreich erlebt.

9.5 Motivationstips für Eltern

Nehmen Sie Ihrem Kind nicht das ab, was es bereits selbst tun kann! Ermutigen und ermuntern Sie es frühzeitig zur Selbsttätigkeit und Selbständigkeit!

Überschütten Sie Ihr Kind nicht mit einem Übermaß an seelischer und materieller Zuwendung! Achten Sie auf ein Gleichgewicht von Geben und Nehmen! Muten Sie Ihrem Kind auch das Aushalten von Bedürfnisspannungen zu!

Loben Sie Ihr Kind für positives Verhalten und Leistungsfortschritte! Loben Sie nicht pauschal, sondern drücken Sie das aus, was Ihnen besonders gefällt!

Hat Ihr Kind Erfolg, sagen Sie ihm, daß dies mit seiner Anstrengung oder seiner Fähigkeit zu tun hat! Führen Sie die Ursache der guten Note nicht auf den Zufall oder auf den geringen Schwierigkeitsgrad zurück!

Scheuen Sie sich nicht vor Kritik! Auch Ihr Kind braucht eine ehrliche Rückmeldung. Wenn Sie berechtigte Kritik üben, so achten Sie darauf, daß sein Ehrgefühl nicht verletzt wird! Unterscheiden Sie aber immer zwischen der Kritik am Verhalten und an der Person!

Scheuen Sie sich nicht davor, Erwartungen zu äußern und Wertmaßstäbe zu vermitteln! Ihre Leistungserwartungen sollten dem Alter und den Fähigkeiten des Kindes angemessen sein.

Erzielen Sie als Ehepartner einen Konsens hinsichtlich dessen, was Sie von Ihrem Kind leistungsmäßig erwarten! Und ziehen Sie bei der Umsetzung Ihrer Erwartungen an einem Strang!

Regen Sie Ihr Kind kulturell an! Wecken Sie seine Neugier! Sorgen Sie für ein aktives Freizeitleben! Setzen Sie dem Medienkonsum Grenzen! Verhindern Sie, daß Ihr Kind ein „Glotzer“ wird!

Vermeiden Sie pauschale Leistungsappelle! Wenn Ihr Kind Leistungsschwierigkeiten hat, überdenken Sie mit ihm die Lerntechnik! Und zeigen Sie ihm Methoden, mit denen sich das Lernen erleichtern und verbessern läßt!

Unterstützen Sie die Sinnsuche Ihres Kindes! Tun Sie sein Nachdenken über die Zukunft nicht als Phantasterei ab! Seien Sie froh über jedes Ziel, das eine positive Zugkraft ausübt!

9.6 Motivationstips für Schüler

Schiebe das, was Du lernen mußt, nicht auf! Tu’s gleich! Der Ärger, den Du später mit dem aufgeschobenen Lernstoff hast, ist sicherlich unangenehmer als die momentane Unlust.

Wärme Dich vor dem Lernstart auf! Räume den Arbeitsplatz auf! Beseitige das, was Dich ablenken könnte! Atme tief ein und aus! Spanne Deine

Hände, Arme und Beine fest an und laß sie nach zehn Sekunden wieder los!

Setze Dir Ziele! Dabei kann Dir ein kleiner Lernplan, auf dem geschrieben steht, was Du erreichen möchtest, nützlich sein. Unterscheide dabei zwischen Muß- und Kann-Zielen! Hake ab, was Du erledigt hast!

Bewältige größere Lernaufgaben wie Klassenarbeiten und Facharbeiten nach dem Prinzip der schrittweisen Zielerreichung! Fange frühzeitig an und bewältige den Weg in Etappen!

Belohne Dich für die Erledigung von Lernaufgaben beziehungsweise für das Erreichen von Zielen mit angenehmen Freizeittätigkeiten!

Hast Du einen Lernerfolg oder Leistungsfortschritt erzielt, so schreibe die Ursache nicht dem Zufall oder der Leichtigkeit der Aufgabe zu! Betrachte den Erfolg als Ausdruck Deiner Anstrengung oder Fähigkeit!

Vermeide es, zu lange an einem Stoff zu lernen! Wirke der Übersättigung entgegen, indem Du eine Pause einlegst oder einen anderen Lernstoff dazwischen schiebst!

Stelle nie vorschnell fest, daß Dich ein Fach oder ein Stoff nicht interessieren! Wenn Du genauer nachdenkst, wirst Du auf einen Aspekt stoßen, der Dich interessiert oder neugierig macht!

Informiere Dich früh über Berufsziele und Weiterbildungsmöglichkeiten! Zielorientierungen üben auf das Lernverhalten eine wichtige Zugkraft aus.